एनईपी 2020 शिक्षक हैंडबुक

सहज, सुलभ और प्रयोग आधारित शिक्षण पद्धतियों की गाइड

प्रियंका वर्मा

डायमंड बुक्स
www.diamondbooks.in

प्रकाशक : डायमंड पॉकेट बुक्स प्रा.लि.
X-30, ओखला इंडस्ट्रियल एरिया, फेज-2
नई दिल्ली-110020
फोन : 011-40712200
ई-मेल : wecare@diamondbooks.in
वेबसाइट : www.diamondbooks.in
संस्करण : 2025

प्रस्तावना

"स्मार्ट पढ़ाएं, सही पढ़ाएं" में आपका स्वागत है, यह एक व्यावहारिक मार्गदर्शिका है जिसे उन शिक्षकों के लिए बनाया गया है जो केवल आज के लिए नहीं पढ़ा रहे हैं - बल्कि भारत के भविष्य को आकार दे रहे हैं।

राष्ट्रीय शिक्षा नीति (NEP) 2020 एक ऐतिहासिक और परिवर्तनकारी सुधार है। यह भारत में शिक्षा को फिर से परिभाषित करता है - इसे बाल-केंद्रित, योग्यता-आधारित और भारतीय मूल्यों तथा वैश्विक दृष्टिकोण में गहराई से निहित बनाता है। लेकिन इस सुधार को जीवंत बनाने के लिए, इसे वहीं से शुरू होना चाहिए जहां वास्तविक शिक्षा होती है - कक्षा में।

यह हैंडबुक कोई नीतिगत टिप्पणी नहीं है। यह टिप्स, उपकरण, रणनीतियों और वास्तविक दुनिया के उदाहरणों से भरा एक दैनिक-उपयोग संसाधन है। चाहे आप एक अनुभवी शिक्षक हों, एक नए शिक्षक हों, या एक स्कूल नेता हों, यह पुस्तक आपको NEP 2020 को रोज़मर्रा की शिक्षण प्रथाओं में - सरलता से और शक्तिशाली ढंग से - बदलने में मदद करेगी।

आपको छोटे अध्याय, चेकलिस्ट, "यह आज़माएं" गतिविधियाँ, और चिंतनशील कार्य मिलेंगे जिनका आप आज ही उपयोग कर सकते हैं, न कि किसी दिन। इसे साधारण भाषा में लिखा गया है - ठीक वैसे ही जैसे हम अपने स्टाफ रूम में बात करते हैं और विचार साझा करते हैं।

तो एक अध्याय चुनें, एक टिप आज़माएं, और अपनी NEP यात्रा में पहला कदम उठाएं। साथ मिलकर, आइए स्मार्ट पढ़ाएं। आइए सही पढ़ाएं।

— प्रियंका वर्मा

विषय-सूची

अध्याय 1

NEP 2020 को समझना

हर शिक्षक को क्या जानना चाहिए

अध्याय का उद्देश्य शिक्षकों को भारत की **राष्ट्रीय शिक्षा नीति (NEP) 2020** के आवश्यक विचारों को सरल शब्दों में समझने में मदद करना और यह सोचना शुरू करना कि ये सुधार दिन-प्रतिदिन के शिक्षण को कैसे प्रभावित करते हैं।

आपको NEP 2020 की परवाह क्यों करनी चाहिए?

आप भारत में 30 से अधिक वर्षों में देखे गए सबसे बड़े शिक्षा सुधार के केंद्र में खड़े हैं। NEP 2020 सिर्फ एक और नीति नहीं है - यह बच्चों के लिए सीखने और स्कूलों के बारे में सोचने का एक नया तरीका है।
यह नीति शिक्षक को सार्थक परिवर्तन के केंद्र में रखती है। आप अब केवल

सामग्री वितरित नहीं कर रहे हैं। आप युवा दिमागों को आकार दे रहे हैं, छात्रों को विचारशील नागरिक बनने में मदद कर रहे हैं, और उन्हें तेज़ी से बदलती दुनिया के लिए तैयार कर रहे हैं।

NEP 2020 क्या है, सरल शब्दों में? राष्ट्रीय शिक्षा नीति 2020 शिक्षा को बदलने के लिए भारत का आधिकारिक रोडमैप है। इसका लक्ष्य है:

- सीखने को अधिक मज़ेदार, आकर्षक और उपयोगी बनाना
- रटने से वास्तविक समझ की ओर बढ़ना
- केवल तथ्यों पर नहीं, बल्कि कौशल पर ध्यान केंद्रित करना
- प्रारंभिक वर्षों में बुनियादी साक्षरता और संख्या ज्ञान (FLN) का परिचय देना
- बहुभाषावाद और भारतीय भाषाओं को बढ़ावा देना
- सतत और योग्यता-आधारित आकलनों के साथ परीक्षा के तनाव को कम करना
- शिक्षकों को स्वायत्त, सम्मानित और पेशेवर रूप से समर्थित बनाना यह नीति बाल-केंद्रित, शिक्षक-सशक्तिकरण और भविष्य-उन्मुख है।

नई 5+3+3+4 संरचना – इसका आपके लिए क्या अर्थ है पुरानी 10+2 प्रणाली चली गई है। NEP एक नई संरचना प्रस्तुत करता है जो बच्चों के विकास पर आधारित है :

चरण	आयु समूह	कक्षाएँ	फोकस क्षेत्र
बुनियादी	3-8 वर्ष	प्री-के से ग्रेड 2	खेल-आधारित शिक्षा, FLN
प्रारंभिक	8-11 वर्ष	ग्रेड 3-5	खोज और गतिविधि-आधारित शिक्षा
मध्यम	11-14 वर्ष	ग्रेड 6-8	विषय-आधारित, अनुभवात्मक शिक्षा
माध्यमिक	14-18 वर्ष	ग्रेड 9-12	महत्वपूर्ण सोच, लचीलापन, गहन अध्ययन

प्रारंभिक रूप से सामग्री को थोपने के बजाय, नई प्रणाली बाल विकास का सम्मान करती है। आपसे उम्मीद की जाती है कि आप ऐसे तरीकों से पढ़ाएं जो आपके छात्रों की उम्र, रुचियों और क्षमताओं से मेल खाते हों।

शिक्षण से सीखने तक: एक बड़ा बदलाव आइए देखें कि कक्षाएं कैसे बदल रही हैं:

पुराना तरीका	नई NEP विधि
शिक्षक बोलता है, छात्र सुनता है	छात्र पूछता है, अन्वेषण करता है और सीखता है
पाठ्यपुस्तकों पर ध्यान दें	अवधारणाओं और वास्तविक जीवन के उपयोग पर ध्यान दें
परीक्षा सब कुछ तय करती है	सीखना सतत है और कई तरीकों से देखा जाता है
भाषा कठोर है	स्थानीय भाषाओं और द्विभाषी उपकरणों को प्रोत्साहित किया जाता है
पाठ्यक्रम पूरा करना लक्ष्य है	समझ लक्ष्य है

NEP 2020 आपको एक सूत्रधार बनने के लिए आमंत्रित करता है, न कि केवल एक व्याख्याता। काम "किताब को कवर करना" नहीं है, बल्कि छात्रों को अर्थ उजागर करने में मदद करना है।

NEP के साथ संरेखित होने के 5 त्वरित तरीके – आज ही शुरू करें! आपको नई डिग्री या महंगे उपकरणों की आवश्यकता नहीं है। छोटे बदलाव बड़ा प्रभाव डाल सकते हैं।

1. खुले-छोर वाले प्रश्न पूछें "भारत की राजधानी क्या है?" के बजाय, कोशिश करें : "हमें राजधानी शहर की आवश्यकता क्यों है?"
2. स्थानीय उदाहरणों का उपयोग करें क्षेत्र पढ़ा रहे हैं? अपनी कक्षा के

आकार का उपयोग करें। प्रदूषण पढ़ा रहे हैं? पास की नदी के बारे में बात करें।

3. छात्रों की आवाज़ को अनुमति दें छात्रों को प्रश्न पूछने दें, सारांश प्रस्तुत करने दें, या अपनी बातों में अवधारणाओं को समझाने दें।
4. कुछ व्याख्यानों को गतिविधियों से बदलें एक साधारण समूह कार्य, भूमिका निभाना, या चित्र बनाना एक अवधारणा को स्थिर कर सकता है।
5. अक्सर चिंतन करें प्रत्येक दिन या सप्ताह के अंत में, ख़ुद से पूछें:
   o क्या अच्छा काम किया?
   o छात्रों को किस बात से जूझना पड़ा?
   o मैं अलग क्या कोशिश कर सकता हूँ?

NEP-प्रेरित कक्षा स्नैपशॉट यहां बताया गया है कि NEP के साथ एक विशिष्ट कक्षा कैसी दिख सकती है:

समय	गतिविधि	NEP फोकस
5 मिनट	एक विचारोत्तेजक प्रश्न पूछें	महत्वपूर्ण सोच
15 मिनट	उदाहरणों और दृश्यों के साथ पढ़ाएं	अवधारणा स्पष्टता
15 मिनट	समूह चर्चा या गतिविधि	सहकर्मी सीखना
10 मिनट	छात्र चिंतन या जर्नलिंग	आत्म-जागरूकता

अभिव्यक्ति यह अधिक करने के बारे में नहीं है, बल्कि इसे अलग तरीके से करने के बारे में है।

सावधान रहें :

बचने के लिए सामान्य नुकसान ✗ सामग्री को अधिक न डालें: NEP समझ को बढ़ावा देता है, अत्यधिक भरे हुए पाठों को नहीं।

✗ जिज्ञासा को दंडित न करें: प्रश्नों का अर्थ है कि सीखना हो रहा है—उन्हें

प्रोत्साहित करें।

✗ केवल परीक्षाओं पर निर्भर न रहें: क्विज़, परियोजनाओं, चर्चाओं और पोर्टफोलियो का उपयोग करें।

यह आज़माएं : एक दिवसीय NEP पाठ योजना यहां आपके एक पाठ को बदलने के लिए एक सरल टेम्पलेट है:

तत्व	क्या करें
विषय	"जल के स्रोत"
शुरुआत	पूछें: "एक साल बारिश न हो तो जीवन कैसा होगा?"
पढ़ाएं	छवियों, वीडियो और वास्तविक कहानियों का उपयोग करें
गतिविधि	छात्रों को अपने क्षेत्र का एक जल मानचित्र बनाने दें
समाप्ति	त्वरित क्विज़ + छात्र चिंतन

NEP में शिक्षक की भूमिका : आप ही परिवर्तन हैं NEP 2020 शिक्षकों पर विश्वास करता है। यह आपको अपनी कक्षा को आनंदमय, प्रासंगिक और समावेशी बनाने की शक्ति देता है। आप केवल अध्याय वितरित नहीं कर रहे हैं। आप आकार दे रहे हैं:

- विचारक जो दुनिया पर सवाल उठा सकते हैं
- कर्ता जो सीखते हैं उसे लागू करते हैं
- नागरिक जो दूसरों और अपनी जड़ों का सम्मान करते हैं इसलिए आपकी भूमिका पहले से कहीं अधिक महत्वपूर्ण हो गई है।

चिंतनशील जर्नल संकेत आज स्कूल के बाद 10 मिनट लें और लिखें:

- आज मैंने NEP के बारे में एक बात क्या सीखी?
- मैं पहले से ही कौन सी कक्षा अभ्यास अच्छी तरह से करता हूँ?
- मैं कल कौन सा छोटा बदलाव कर सकता हूँ?

अध्याय सारांश

- NEP 2020 बाल विकास, योग्यता और आनंदमय सीखने पर केंद्रित है।
- 5+3+3+4 संरचना बच्चों के विकास के तरीके से संरेखित है।
- आपसे उम्मीद की जाती है कि आप एक सूत्रधार बनें, न कि केवल एक सामग्री प्रदाता।
- छोटे कदम - जैसे खुले प्रश्न, दृश्य और सहकर्मी सीखना - NEP को जीवंत कर सकते हैं।
- प्रत्येक सप्ताह एक शिक्षक के रूप में चिंतन करें, अनुकूलन करें और बढ़ें।

अध्याय 2

नए भारत में शिक्षक की भूमिका

अध्याय का उद्देश्य शिक्षकों को यह समझने में मदद करना कि NEP 2020 के तहत उनकी पेशेवर पहचान कैसे विकसित हो रही है - ज्ञान के पारंपरिक "प्रदाता" से एक सूत्रधार, मार्गदर्शक और चिंतनशील व्यवसायी के रूप में जो छात्रों को जीवन और आजीवन सीखने के लिए तैयार करता है।

आइए शुरू करें : राष्ट्र निर्माता के रूप में शिक्षक अतीत में, आपने यह वाक्यांश सुना होगा: "एक शिक्षक अनंत काल को छूता है।" NEP 2020 इसे और भी सच कर देता है। जैसे-जैसे भारत अपनी कक्षाओं को फिर से कल्पना करता है, शिक्षक परिवर्तन का केंद्र बन जाता है। आप न केवल अकादमिक सफलता का मार्गदर्शन कर रहे हैं - बल्कि चरित्र, मूल्यों, जिज्ञासा, आत्मविश्वास और नागरिकता को आकार दे रहे हैं। NEP 2020 आप पर कोई अतिरिक्त बोझ नहीं डालता है। इसके बजाय, यह अधिक

लचीलापन, अधिक रचनात्मकता और अधिक पेशेवर सम्मान प्रदान करता है। यह मानता है कि शिक्षक नेता हैं - न कि एक स्क्रिप्ट का पालन करने वाले श्रमिक।

प्रशिक्षक से सूत्रधार तक: बदलाव

पुरानी भूमिका	NEP भूमिका
पाठ्यपुस्तक सामग्री वितरित करें	आकर्षक, लचीले पाठों को डिजाइन करें
पाठ्यक्रम पूरा करने पर ध्यान दें	दक्षताओं को विकसित करने पर ध्यान दें
एक परीक्षा के लिए तैयारी करें	सतत सीखने का समर्थन करें
सत्तावादी व्यक्ति	सीखने का भागीदार और मार्गदर्शक
अकेले काम करता है	सहकर्मियों और माता-पिता के साथ सहयोग करता है

यह बदलाव नियंत्रण खोने का मतलब नहीं है - इसका मतलब है कि सीखने को वास्तव में काम करने वाले तरीकों से आकार देने के लिए अधिक शक्ति प्राप्त करना।

"NEP शिक्षक" कौन है? NEP एक शिक्षक की कल्पना करता है जो:

- **छात्र-केंद्रित :** सोचता है कि छात्र सबसे अच्छा कैसे सीखते हैं
- **समावेशी :** सभी शिक्षार्थियों का स्वागत करता है - क्षमता, पृष्ठभूमि या भाषा की परवाह किए बिना
- **चिंतनशील :** अनुभव से सीखता है और तदनुसार अनुकूलन करता है
- **अभिनव :** नए उपकरण, रणनीतियों और वास्तविक जीवन के उदाहरणों का उपयोग करता है

- **सहानुभूतिपूर्ण :** छात्रों की भावनात्मक दुनिया को समझता है
- **सहयोगी :** अन्य शिक्षकों, माता-पिता और समुदाय के साथ संबंध बनाता है

NEP-तैयार शिक्षक की 5 आदतें

1. क्यूरेट करें, केवल वितरित न करें आपको पाठ्यपुस्तक में सब कुछ पढ़ाने की ज़रूरत नहीं है। जो मायने रखता है उसे चुनें, उसे वास्तविक जीवन से जोड़ें, और संबंधित कहानियों और उपकरणों के साथ इसे सरल बनाएं।
2. सीखने को दृश्यमान बनाएं छात्रों को चार्ट, कहानियों, परियोजनाओं या चर्चा के माध्यम से दिखाएं कि उन्होंने क्या सीखा है। उन्हें अपनी बातों में समझ व्यक्त करने दें।
3. केवल उत्तर देने के बजाय सोचने को प्रोत्साहित करें खुले-छोर वाले प्रश्नों का उपयोग करें: "आपको क्या लगता है?" "ऐसा क्यों हो सकता है?" "आप इसे कैसे हल करेंगे?"
4. हर हफ्ते चिंतन करें हर हफ्ते 15 मिनट लें और लिखें:
    - एक बात जिसने काम किया
    - एक बात जिसने काम नहीं किया
    - एक बात जिसे आप अगले हफ्ते आज़माना चाहेंगे
5. ग़लतियों का जश्न मनाएं यदि कोई बच्चा किसी प्रश्न का ग़लती उत्तर देता है लेकिन कड़ी मेहनत करता है - प्रयास की सराहना करें। यह आत्मविश्वास बढ़ाता है और एक निडर सीखने का माहौल बनाता है।

त्वरित चेकलिस्ट :
क्या आप NEP तरीके से पढ़ा रहे हैं?

हाँ/नहीं	**अभ्यास**
	मैं छात्रों को केवल सुनने के बजाय पूछने और अन्वेषण करने देता हूँ
	मैं नियमित रूप से कहानियों, दृश्यों या गतिविधियों का उपयोग करता हूँ
	मैं छात्रों से धैर्य और सहानुभूति से बात करता हूँ
	मैं हर हफ्ते अपनी शिक्षण शैली पर चिंतन करता हूँ
	मैं सीखने में सुधार के लिए माता-पिता या साथियों के साथ काम करता हूँ

यदि आपने 3 या अधिक का "हाँ" में उत्तर दिया है, तो आप पहले से ही NEP पथ पर हैं!

यह आज़माएं : एक दिन के लिए अपनी कक्षा को फिर से डिज़ाइन करें किसी एक विषय को चुनें और इस रूपरेखा का पालन करें:

तत्व	**रणनीति**
शुरुआत	एक वास्तविक जीवन का प्रश्न पूछें: "नमक पानी में क्यों घुलता है?"
पढ़ाएं	प्रॉप्स (पानी का गिलास, चम्मच, नमक) का उपयोग करें और छात्रों को अनुमान लगाने और अवलोकन करने दें
अन्वेषण करें	समूह कार्य: अन्य सामग्रियों (चीनी, तेल, आदि) को घोलने का प्रयास करें

चिंतन करें	छात्रों को अपनी नोटबुक में या ज़ोर से निष्कर्ष समझाने के लिए कहें
विस्तार करें	पूछें: "आप इसे वास्तविक जीवन में कहां देखते हैं?"

यहां तक कि 35 मिनट की अवधि में भी, छात्र गहराई से और आनंद से समझेंगे।

नए युग के शिक्षक के लिए करें और न करें

करें	न करें
प्रेरित करने के लिए अपनी आवाज़ का उपयोग करें, आदेश देने के लिए नहीं	छात्रों को चिल्लाएं या शर्मिंदा करें
छात्रों को चर्चाओं या समूहों का नेतृत्व करने दें	शुरू से अंत तक व्याख्यान दें
स्वीकार करें जब आपको कुछ पता न हो	सब कुछ जानने का ढोंग करें
जीवन के लिए आदतें बनाएं (सम्मान, जिज्ञासा, टीम वर्क)	केवल परीक्षा की तैयारी पर ध्यान दें
सीखते रहें - ठीक अपने छात्रों की तरह	विश्वास करें कि आपकी डिग्री के बाद प्रशिक्षण समाप्त हो जाता है

ख़ुद से पूछें : आजीवन सीखने वाला शिक्षक आख़िरी बार मैंने शिक्षण, बच्चों या किसी विषय के बारे में कुछ नया कब सीखा था? सीखना कभी ख़त्म नहीं होता। यहां तक कि एक छोटा वेबिनार, स्टाफ-रूम चर्चा, या चिंतनशील जर्नल भी आपको बढ़ने में मदद करता है।

यह स्टाफ रूम में आज़माएं 2-3 शिक्षकों का एक सहकर्मी मंडल बनाएं। हर हफ्ते:

- अपनी कक्षा से एक सफलता की कहानी साझा करें
- एक चुनौती साझा करें जिसका आप सामना कर रहे हैं
- एक-दूसरे के लिए एक नई रणनीति सुझाएं

इस तरह का व्यावसायिक शिक्षण समुदाय (PLC) NEP 2020 द्वारा शिक्षक के विकास और प्रेरणा के लिए एक उपकरण के रूप में अनुशंसित है।

चिंतनशील जर्नल संकेत अपनी अगली कक्षा के बाद, इस पर चिंतन करें:

- छात्रों ने सक्रिय रूप से सीखने बनाम सुनने में कितना समय बिताया?
- क्या आपने प्रश्नों या रचनात्मकता को प्रोत्साहित किया?
- अगली कक्षा में आप अलग क्या कोशिश करना चाहेंगे?

अध्याय सारांश

- NEP 2020 शिक्षकों को सूत्रधार, मार्गदर्शक और सलाहकारों के रूप में देखता है।
- आपकी भूमिका जिज्ञासा, आत्मविश्वास और दक्षताओं का निर्माण करना है - न कि केवल अंक।
- आपको सामग्री वितरण को वास्तविक दुनिया की प्रासंगिकता के साथ संतुलित करना होगा।
- चिंतन, सहकर्मी समर्थन और छात्र प्रतिक्रिया को विकास उपकरण के रूप में उपयोग करें।
- हर शिक्षक परिवर्तन का नेतृत्व कर सकता है - एक बच्चा, एक पाठ एक बार में।

अध्याय 3

5+3+3+4 पाठ्यक्रम को सरल शब्दों में समझाया गया

अध्याय का उद्देश्य शिक्षकों को NEP 2020 के तहत भारत की नई स्कूल संरचना को समझने में मदद करना - यह पुरानी 10+2 मॉडल से कैसे अलग है, प्रत्येक चरण किस पर केंद्रित है, और बच्चे के विकास की ज़रूरतों के साथ कक्षा प्रथाओं को कैसे संरेखित करें।

आइए शुरू करें : बदलाव क्यों? क्या आपको कभी ऐसा लगा है कि आपके छात्र किसी विशेष पाठ के लिए बहुत छोटे या बहुत बड़े थे? ऐसा इसलिए है क्योंकि सीखना केवल ग्रेड के बारे में नहीं है - यह इस बारे में है कि मस्तिष्क कैसे बढ़ता है, बच्चे ज्ञान को कैसे अवशोषित करते हैं, और वे दुनिया के साथ कैसे जुड़ते हैं। NEP 2020 इसे पहचानता है और 5+3+3+4 नामक एक नई पाठ्यचर्या संरचना प्रस्तुत करता है। यह पुरानी 10+2 प्रणाली को एक ऐसी चीज़ से बदल देता है जो बच्चों के वास्तविक विकास और सीखने के तरीके से मेल खाती है।

5+3+3+4 संरचना क्या है? यह नया मॉडल स्कूल के वर्षों को चार प्रमुख विकासात्मक चरणों में तोड़ता है:

चरण	आयु समूह	कक्षाएँ	फोकस
बुनियादी	3-8 वर्ष	प्री-के से ग्रेड 2	खेल, कहानी सुनाना, प्रारंभिक साक्षरता और संख्या ज्ञान
प्रारंभिक	8-11 वर्ष	ग्रेड 3-5	गतिविधि-आधारित शिक्षा, अन्वेषण, भाषा विकास
मध्यम	11-14 वर्ष	ग्रेड 6-8	विषय सीखना, महत्वपूर्ण सोच, परियोजनाएं
माध्यमिक	14-18 वर्ष	ग्रेड 9-12	लचीलापन, गहन शिक्षा, करियर की तैयारी

पुरानी प्रणाली से क्या अलग है?

पुरानी (10+2) प्रणाली	नई (5+3+3+4) प्रणाली
मुख्य रूप से विषयों पर केंद्रित	बच्चे कैसे सीखते हैं इस पर केंद्रित
परीक्षाओं पर ज़ोर दिया	दक्षताओं पर ज़ोर देता है
K–12 को एक खंड के रूप में माना	संज्ञानात्मक विकास के आधार पर विभाजित
सभी के लिए समान शिक्षण	आयु-उपयुक्त शिक्षाशास्त्र को प्रोत्साहित करता है

यह बदलाव आपको एक शिक्षक के रूप में अपनी शैली को शिक्षार्थी के अनुकूल बनाने के लिए प्रोत्साहित करता है, न कि शिक्षार्थी को शैली के अनुकूल होने के लिए मजबूर करने के लिए।

बुनियादी चरण (प्री-के से ग्रेड 2 | आयु 3-8) क्या जानना है:

- बच्चे इंद्रियों, खेल और नकल के माध्यम से सीख रहे हैं
- भाषा तेज़ी से विकसित हो रही है - तुकबंदी, चित्रों और क्रियाओं का उपयोग करें

कैसे पढ़ाएं :

- मूलभूत साक्षरता और संख्या ज्ञान (FLN) को प्राथमिकता दें
- लंबे व्याख्यानों से बचें - गाने, पहेलियाँ, खेल-आधारित कार्यों का उपयोग करें
- एक गर्म, आनंदमय कक्षा का वातावरण बनाएं

NEP टिप : भारी पाठ्यपुस्तकों के बजाय कहानियों की किताबें, वस्तुएं और भूमिका निभाने का उपयोग करें।

प्रारंभिक चरण (ग्रेड 3-5 | आयु 8-11) क्या जानना है:

- बच्चे तर्क और जिज्ञासा विकसित करना शुरू करते हैं
- वे व्यावहारिक गतिविधियों और "क्यों?" पूछना पसंद करते हैं

कैसे पढ़ाएं :

- परियोजनाओं, पोस्टरों, विज्ञान प्रयोगों का उपयोग करें
- सक्रिय, मज़ेदार तरीके से बुनियादी विषय ज्ञान का परिचय दें
- अमूर्त विषयों को समझाने के लिए स्थानीय उदाहरणों का उपयोग करें

NEP टिप : प्रति पाठ एक गतिविधि छात्रों को व्यस्त रखती है और प्रतिधारण में सुधार करती है।

मध्यम चरण (ग्रेड 6-8 | आयु 11-14) क्या जानना है:

- छात्र अपनी राय और पहचान विकसित करना शुरू करते हैं
- वे अमूर्त और अंतःविषय सीखने के लिए तैयार हैं

कैसे पढ़ाएं :

- महत्वपूर्ण सोच और तर्क कार्यों का परिचय दें
- बहस, समूह परियोजनाओं और भूमिका निभाने के माध्यम से सहकर्मी सीखने को प्रोत्साहित करें
- डिजिटल उपकरणों को पारंपरिक तरीकों से मिलाएं

NEP टिप : छात्रों को बड़े प्रश्न पूछने और स्वयं उत्तरों की जांच करने की अनुमति दें।

माध्यमिक चरण (ग्रेड 9-12 | आयु 14-18) क्या जानना है:

- छात्र प्रासंगिकता चाहते हैं: "मैं यह क्यों सीख रहा हूँ?"
- यह गहन शिक्षा, पसंद और चिंतन का समय है

कैसे पढ़ाएं :

- परियोजना-आधारित शिक्षा, केस स्टडी और फील्डवर्क में बदलाव करें
- विषय पसंद की अनुमति दें (कला, कोडिंग, विज्ञान, सामाजिक कार्य, आदि)
- करियर जागरूकता और जीवन कौशल के निर्माण पर ध्यान केंद्रित करें

NEP टिप : अवधारणाओं को सार्थक रूप से पढ़ाने के लिए वास्तविक दुनिया के उदाहरणों और समस्याओं का उपयोग करें।

यह आज़माएं : अपने पाठ को चरण से मिलाएं

चरण	विषय	उदाहरण
बुनियादी	गणित	गिनती सिखाने के लिए मोतियों का उपयोग करें
प्रारंभिक	विज्ञान	एक बीज लगाएं और विकास का अवलोकन करें
मध्यम	इतिहास	स्वतंत्रता आंदोलन के दृश्य की भूमिका निभाएं
माध्यमिक	अंग्रेजी़	सोशल मीडिया के प्रभाव पर बहस करें

जब शिक्षण बच्चों के विकास के तरीके से मेल खाता है, तो सीखना स्वाभाविक हो जाता है।

चरण-वार संरेखण के लिए त्वरित चेकलिस्ट

हाँ/नहीं	क्या आप...
	जानते हैं कि आपके छात्र किस NEP चरण में हैं?
	उनकी आयु वर्ग के आधार पर अपनी शिक्षण विधियों की योजना बनाते हैं?
	छोटे छात्रों के लिए संवेदी या शारीरिक गतिविधियों को शामिल करते हैं?
	बड़े छात्रों के लिए वास्तविक जीवन और सहकर्मी गतिविधियों का उपयोग करते हैं?

द चरण-अनुकूल शिक्षण पर चिंतन करते हैं?
यदि आपने 3 या अधिक का "हाँ" में उत्तर दिया है - तो आप सही रास्ते पर हैं।

प्रत्येक चरण के लिए प्रो टिप्स

चरण	प्रो टिप
बुनियादी	दैनिक रूप से सर्कल टाइम, दृश्य और हाथों से खेलने वाले खिलौनों का उपयोग करें
प्रारंभिक	पाठों को खेल या मिनी-परियोजनाओं में बदलें
मध्यम	प्रश्नों और स्वतंत्र कार्य को प्रोत्साहित करें
माध्यमिक	छात्रों को वास्तविक दुनिया की समस्याओं को हल करने दें

चरण-आधारित शिक्षण के करें और न करें

करें	न करें
आयु और क्षमता के आधार पर पढ़ाएं	सभी ग्रेड के लिए एक ही विधि का उपयोग करें
सीखने को मज़ेदार और संबंधित बनाएं	पाठ्यपुस्तक सामग्री के साथ अधिभारित करें
छात्रों को चलने, बात करने, बनाने दें	हर समय चुप्पी की उम्मीद करें
विकल्प दें और संवाद को प्रोत्साहित करें	प्रश्नों या संदेह को हतोत्साहित करें

चिंतनशील जर्नल संकेत अपनी पिछली कक्षा के बारे में सोचें:

- आपके छात्रों की उम्र और चरण से आपकी विधि कितनी मेल खाती थी?
- क्या वे व्यस्त थे या विचलित थे?
- अगली कक्षा में आप संरेखण में सुधार के लिए एक बदलाव क्या आज़मा सकते हैं?

अध्याय सारांश

- 5+3+3+4 प्रणाली इस बात पर आधारित है कि बच्चे सबसे अच्छा कैसे बढ़ते और सीखते हैं।
- प्रत्येक चरण (बुनियादी, प्रारंभिक, मध्यम, माध्यमिक) की अलग-अलग सीखने की ज़रूरतें होती हैं।
- NEP आयु-उपयुक्त शिक्षाशास्त्र को प्रोत्साहित करता है, न कि एक-आकार-सभी के लिए शिक्षण।

- बेहतर जुड़ाव और परिणामों के लिए अपनी शिक्षण शैली को प्रत्येक चरण से मिलाएं।
- अक्सर चिंतन करें, अपनी रणनीतियों को समायोजित करें, और अपने शिक्षार्थियों के साथ विकसित होते रहें।

अध्याय 4

मूलभूत साक्षरता और संख्या ज्ञान (FLN)

अध्याय का उद्देश्य शिक्षकों को FLN (मूलभूत साक्षरता और संख्या ज्ञान) की अवधारणा को समझने में मदद करना, यह समझना कि यह NEP 2020 के लिए क्यों केंद्रीय है, और वे सरल दैनिक अभ्यासों के माध्यम से शुरुआती पठन, लेखन और संख्या कौशल को कैसे मज़बूत कर सकते हैं।

FLN क्या है? मूलभूत साक्षरता और संख्या ज्ञान (FLN) से तात्पर्य किसी बच्चे की समझ के साथ पढ़ने, स्पष्ट रूप से लिखने और बुनियादी गणितीय संक्रियाएं जैसे गिनती, जोड़ और घटाव कक्षा 3 के अंत तक करने की क्षमता से है। इन बुनियादी कौशलों के बिना, बच्चों को स्कूल में प्रगति करने में मुश्किल होती है और वे अक्सर सीखने में रुचि खो देते हैं। NEP 2020 FLN को प्रारंभिक शिक्षा में सबसे तत्काल और महत्वपूर्ण लक्ष्य के रूप में पहचानता है।

FLN क्यों मायने रखता है कल्पना कीजिए कि यदि आप निर्देशों को पढ़ नहीं सकते हैं तो विज्ञान की समस्या को हल करने की कोशिश कर रहे हैं। या संख्याओं को समझे बिना अपने पैसे का प्रबंधन कर रहे हैं। FLN सिर्फ पढ़ने और गणित के बारे में नहीं है - **यह इनके बारे में है:**

- सीखने में आत्मविश्वास
- स्कूल में बने रहना
- दैनिक जीवन कौशल
- शिक्षा में समानता

सर्वेक्षणों के अनुसार, भारत में कई बच्चे कक्षा 5 तक पहुंचते हैं, लेकिन कक्षा 2-स्तर के पाठ को पढ़ नहीं पाते या बुनियादी गणना नहीं कर पाते। FLN का उद्देश्य इसे बदलना है।

निपुण भारत मिशन FLN को वास्तविकता बनाने के लिए, भारत सरकार ने 2021 में **निपुण भारत (नेशनल इनिशिएटिव फॉर प्रोफिशिएंसी इन रीडिंग विद अंडरस्टैंडिंग एंड न्यूमेरेसी)** मिशन शुरू किया। **लक्ष्य:** 2026-27 तक सभी बच्चों के लिए कक्षा 3 तक सार्वभौमिक FLN प्राप्त करना। एक शिक्षक के रूप में, आप एक प्रमुख FLN योद्धा हैं। स्कूली शिक्षा के पहले पांच वर्षों में आपके प्रयास सबसे बड़ा अंतर लाते हैं।

प्रमुख FLN कौशल क्या हैं? मूलभूत साक्षरता

- सुनने की समझ
- शब्दावली विकास
- ध्वन्यात्मक जागरूकता (ध्वनियों को समझना)
- अक्षर-ध्वनि पहचान
- पठन प्रवाह
- सरल शब्द और वाक्य लिखना

मूलभूत संख्या ज्ञान

- संख्या ज्ञान (गिनती, तुलना करना, समूहन करना)
- संख्या संक्रियाएं (जोड़, घटाव)
- आकार और माप
- पैटर्न और अनुक्रम को समझना

अपनी कक्षा में FLN बनाने के 5 तरीके

1. रोज़ाना ज़ोर से पढ़ें बच्चों को हर दिन पढ़कर सुनाने से शब्दावली, जिज्ञासा और समझ का विकास होता है। चित्र पुस्तकों, लोक कथाओं और कविताओं का उपयोग करें। इसे मज़ेदार बनाने के लिए कार्य और अभिव्यक्तियां जोड़ें!
2. ध्वनि और अक्षरों का उपयोग करें बच्चों के शब्दों को पढ़ना सीखने से पहले, उन्हें ध्वनियों को समझना चाहिए। खेल खेलें जैसे:
   - o अपने नामों के अक्षरों पर ताली बजाएं
   - o मिलते-जुलते शब्द खोजें
   - o शुरुआती और अंतिम ध्वनियों को पहचानें
3. गणित के लिए वस्तुओं का उपयोग करें गिनती और जोड़ सिखाने के लिए स्थानीय सामग्री - पत्थर, छड़ी, बोतल के ढक्कन - का उपयोग करें। यह स्पर्श और गति के माध्यम से समझ बनाता है।
4. कक्षा को एक भाषा प्रयोगशाला में बदलें कहानी सुनाने, भूमिका निभाने, प्रश्न-उत्तर सत्रों और दिखाने-और-बताने को प्रोत्साहित करें। जो बच्चे अधिक बोलते हैं, वे अधिक पढ़ते हैं और अधिक लिखते हैं।
5. ग़लतियों को सामान्य बनाएं पूर्णता की नहीं, बल्कि प्रयास की प्रशंसा करें। बच्चों को अक्षरों और संख्याओं के साथ प्रयोग करने दें। छोटे-छोटे कदमों में प्रगति का जश्न मनाएं।

इसे आज़माएं : एक सप्ताह की FLN बूस्ट योजना

दिन	साक्षरता फोकस	संख्या ज्ञान फोकस
सोमवार	एक कहानी पढ़ें और पात्रों पर चर्चा करें	कक्षा के सामानों की गिनती करें
मंगलवार	अक्षर ध्वनियों को चित्रों से मिलाएं	बोतल के ढक्कनों का उपयोग करके जोड़ करें
बुधवार	तुकबंदी वाली कविताएं गाएं	आकृतियां बनाएं और तुलना करें
गुरुवार	शब्द दीवार: 5 नए शब्द जोड़ें	संख्या रेखा पर कूदना
शुक्रवार	एक चित्र के बारे में 3 वाक्य लिखें	उंगलियों से घटाना का अभ्यास करें

दिन में केवल 30-40 मिनट भी स्थायी प्रभाव डाल सकते हैं।

आप उपयोग कर सकने वाले उपकरण और सामग्री

साक्षरता उपकरण	संख्या ज्ञान उपकरण
फ्लैशकार्ड	काउंटर्स, कंकड़
चार्ट और पोस्टर	संख्या रेखाएं
अक्षरों को ट्रेस करने के लिए रेत की ट्रे	डोमिनोज़
कहानियों की किताबें	पासा, छड़ें
कठपुतली और चित्र कार्ड	आकृतियां और पहेली सेट

NEP टिप : ऐसी सामग्री का उपयोग करें जो कम लागत वाली, स्थानीय रूप से उपलब्ध और टिकाऊ हो।

त्वरित जांच सूची :
क्या मैं FLN का समर्थन कर रहा हूँ?

✔ हाँ/नहीं	कार्य
	मैं बच्चों को रोज़ाना पढ़कर सुनाता हूँ/सुनाती हूँ
	मैं बच्चों को बोलने और अपने विचार व्यक्त करने देता हूँ
	मैं ध्वनियों और संख्याओं को सिखाने के लिए गाने या खेल का उपयोग करता हूँ
	मैं बच्चों को अक्षरों और संख्याओं को अपने आप खोजने का समय देता हूँ
	मैं खेल के माध्यम से सीखने को प्रोत्साहित करता हूँ

यदि आपने कम से कम 3 बक्सों को चेक किया है - तो आप FLN बनाने में मदद कर रहे हैं!

FLN शिक्षकों के लिए क्या करें और क्या न करें

करें	न करें
प्रारंभिक साक्षरता बनाने के लिए बच्चे की घर की भाषा का उपयोग करें	बहुत जल्दी अंग्रेजी़ पढ़ने के लिए मजबूर न करें
गति पर नहीं, समझ पर ध्यान दें	पाठ्यक्रम को जल्दबाजी में पूरा न करें
कहानियों और खेलों को अक्सर दोहराएं	एक साथ बहुत सारी अवधारणाएं पेश न करें

बच्चों को अनुमान लगाने और प्रयोग करने के लिए प्रोत्साहित करें
हर छोटी ग़लती को कठोरता से ठीक न करें

चिंतनशील जर्नल संकेत सप्ताह के अंत में, अपने आप से पूछें:

- मेरे छात्रों को कौन सी FLN गतिविधि सबसे ज़्यादा पसंद आई?
- कौन अभी भी बुनियादी कौशलों से जूझ रहा है? क्यों?
- मैं अगले सप्ताह क्या अलग कर सकता हूँ? 1 सफलता और 1 चुनौती लिखें।

अध्याय सारांश

- FLN का अर्थ है कक्षा 3 तक पढ़ना, लिखना और बुनियादी गणित
- यह स्कूल और जीवन में सफलता के लिए आवश्यक है
- NEP 2020 और निपुण भारत FLN को राष्ट्रीय प्राथमिकता बनाते हैं
- शिक्षकों को कहानियों, खेलों, खेल और हाथ से इस्तेमाल की जाने वाली सामग्री का रोज़ाना उपयोग करना चाहिए
- छोटी प्रगति का जश्न मनाएं और FLN को joyful और समावेशी बनाएं

अध्याय 5

गतिविधि-आधारित और अनुभवात्मक शिक्षा

अध्याय का उद्देश्य शिक्षकों को NEP 2020 द्वारा प्रचारित गतिविधि-आधारित और अनुभवात्मक शिक्षा की अवधारणा को समझने में मदद करना, और रोज़मर्रा के कक्षा शिक्षण को व्यावहारिक, आकर्षक और सार्थक बनाने के लिए व्यावहारिक उपकरण प्रदान करना।

आइए शुरू करें : गतिविधियां क्यों मायने रखती हैं इस बारे में सोचें: क्या आपको वह समय याद है जब आपने एक वर्कशीट भरी थी - या वह समय जब आपने स्कूल में ज्वालामुखी का मॉडल बनाया था? बच्चों को अध्याय याद नहीं रहते। उन्हें अनुभव याद रहते हैं। NEP 2020 शिक्षकों को वास्तविक समझ बनाने के लिए गतिविधि-आधारित और अनुभवात्मक शिक्षा का उपयोग करने के लिए प्रोत्साहित करता है - न केवल याद रखना। यह

विधि कक्षाओं को खोज की प्रयोगशालाओं में बदल देती है जहाँ छात्र प्रयोग करते हैं, बनाते हैं और जुड़ते हैं।

गतिविधि-आधारित शिक्षा क्या है? गतिविधि-आधारित शिक्षा (ABL) का अर्थ है कि छात्र करके सीखते हैं। वे संरचित कार्यों में भाग लेते हैं जो उन्हें गति, अवलोकन, चर्चा और हाथ से निर्माण के माध्यम से अवधारणाओं का पता लगाने में मदद करते हैं। **उदाहरण :** पौधों के भागों को समझाने के बजाय, छात्रों से पत्तियां लाने, उनकी जांच करने, उन्हें बनाने और उन्हें छाँटने के लिए कहें।

अनुभवात्मक शिक्षा क्या है? अनुभवात्मक शिक्षा गहरी होती है। यह वास्तविक दुनिया को कक्षा से जोड़ती है। इसमें शामिल हैं:

- क्षेत्रीय दौरे
- भूमिका निभाना
- प्रयोग
- कला, संगीत और शारीरिक गतिविधियां
- स्थानीय संदर्भों में समस्या-समाधान

यह 4-चरणीय चक्र का अनुसरण करता है:

1. कार्य करें (अनुभव करें)
2. उस पर विचार करें
3. उसके पीछे की अवधारणा सीखें
4. इसे नई स्थितियों पर लागू करें

उदाहरण : छात्र अपने क्लास गार्डन को साफ करते हैं और फिर कचरा अलगाव, पादप जीव विज्ञान, या नागरिक ज़िम्मेदारी के बारे में सीखते हैं।

यह क्यों काम करता है

लाभ	परिणाम
जुड़ाव बढ़ाता है	छात्र सीखने का आनंद लेते हैं
प्रतिधारण में सुधार करता है	अवधारणाएं समझी जाती हैं, याद नहीं की जाती हैं
टीम वर्क बनाता है	सहयोग और संचार में सुधार होता है
रचनात्मकता को बढ़ावा देता है	छात्र नए विचारों को आज़माते हैं और जोखिम लेते हैं
सीखने को समावेशी बनाता है	विभिन्न शिक्षण शैलियों का समर्थन करता है

इसे आज़माएं :
रोज़मर्रा के विषयों के लिए सरल गतिविधियां

विषय	विषय	गतिविधि
अंग्रेजी	विशेषण	वास्तविक वस्तुओं का उपयोग करके "वस्तु का वर्णन करें" खेल
गणित	माप	हाथ की लंबाई, पैमाने का उपयोग करके स्कूल की वस्तुओं को मापें
विज्ञान	जल चक्र	बादलों, सूरज और बारिश के रूप में भूमिका निभाएं
सामाजिक विज्ञान	सामुदायिक सहायक	स्कूल के एक कर्मचारी का साक्षात्कार करें
EVS	स्वच्छता	समूह गतिविधि: कक्षा क्षेत्र को साफ करें
भाषाएँ	शब्दावली	स्कूल के चारों ओर शब्द खोज

इनमें 20 मिनट से भी कम समय लगता है लेकिन ये आजीवन सीखने का निर्माण कर सकते हैं!

आपके पास पहले से मौजूद उपकरण आपको बड़े बजट की आवश्यकता नहीं है। अधिकांश ABL संसाधन आपके आस-पास पहले से ही मौजूद हैं:

सामग्री	**उपयोग कैसे करें**
कागज के कप, बक्से	आकार बनाएं या तरल पदार्थ मापें
छड़ें, पत्ते, पत्थर	गणित के खेल, छंटाई और विज्ञान अवलोकन
फ्लैशकार्ड	शब्द खेल और स्मृति कार्य
कठपुतलियां या खिलौने	कहानी सुनाना और भूमिका निभाना
समाचार पत्र	पढ़ने का अभ्यास, वर्तमान घटनाएं, शब्दावली खोज
कक्षा के कोने	थीम-आधारित शिक्षण स्टेशन स्थापित करें

एक गतिविधि की योजना बनाना – 5 त्वरित कदम

1. **विषय चुनें** – एक अवधारणा चुनें जिसे दिखाया या किया जा सके।
2. **लक्ष्य परिभाषित करें** – छात्रों को क्या खोजना या सीखना चाहिए?
3. **सामग्री इकट्ठा करें** – स्थानीय या कम लागत वाले संसाधनों का उपयोग करें।
4. **गतिविधि का मार्गदर्शन करें** – छात्रों को केवल अनुसरण करने के बजाय अन्वेषण करने दें।
5. **चर्चा करें और विचार करें – पूछें :** "हमने क्या सीखा? हम इसका उपयोग कैसे कर सकते हैं?"

कक्षा टिप : "देखो, सोचो, करो" मॉडल का उपयोग करें

चरण	क्रिया
देखो	विषय से संबंधित कुछ दिखाएं या प्रदर्शित करें
सोचो	छात्रों से पूछें कि उन्होंने क्या देखा या समझा
करो	उन्हें ख़ुद इसे आज़माने दें और परिणामों पर विचार करें

कक्षा 4 विज्ञान के लिए उदाहरण:

- देखो: पौधों के विकास के चरणों का वीडियो/चित्र दिखाएं
- सोचो: पौधों को बढ़ने के लिए क्या चाहिए, इस पर चर्चा करें
- करो: बीज बोएं और दो सप्ताह तक विकास को ट्रैक करें

क्या करें और क्या न करें

करें	न करें
छात्रों को पूछने, प्रयोग करने और असफल होने दें	सही उत्तरों या त्वरित परिणामों की उम्मीद न करें
कहानी सुनाने और नाटक का अक्सर उपयोग करें	केवल पाठ्यपुस्तक-आधारित स्पष्टीकरणों पर टिके रहें
छात्रों को जोड़े/समूहों में काम करने दें	सहकर्मी साझाकरण या टीम कार्यों को हतोत्साहित न करें

गतिविधियों के बाद विचार-विमर्श शामिल करें चर्चा छोड़ें और बहुत जल्दी आगे बढ़ें

त्वरित जांच सूची : क्या मैं गतिविधियों का प्रभावी ढंग से उपयोग कर रहा हूँ?

हाँ/नहीं	जांच बिंदु
	क्या मैंने इस सप्ताह कम से कम एक गतिविधि का उपयोग किया?
	क्या मैंने छात्रों को स्थानांतरित करने, बनाने या खोजने की अनुमति दी?
	क्या मैंने अनुवर्ती चर्चा या प्रश्न शामिल किए?
	क्या मैंने गतिविधि को वास्तविक जीवन की स्थिति से जोड़ा?
	क्या छात्रों ने कार्य का आनंद लिया और उसमें संलग्न हुए?

यदि आपने 3 या अधिक का "हाँ" में उत्तर दिया है - तो आप सही रास्ते पर हैं!

जर्नल चिंतन संकेत अपनी अगली कक्षा के बाद, चिंतन करें:

- मैंने अंतिम गतिविधि कौन सी उपयोग की थी?
- छात्रों ने कैसी प्रतिक्रिया दी?
- अगली बार मैं क्या सुधार कर सकता हूँ? हर सप्ताह एक सफल गतिविधि का दस्तावेज़ीकरण करने का प्रयास करें और इसे अपने सहयोगियों के साथ साझा करें!

अध्याय सारांश

- गतिविधि-आधारित और अनुभवात्मक शिक्षा NEP 2020 के प्रमुख स्तंभ हैं
- वे कक्षाओं को आकर्षक, व्यावहारिक और समावेशी बनाते हैं
- आप शानदार गतिविधियों की योजना बनाने के लिए स्थानीय, कम लागत वाली सामग्री का उपयोग कर सकते हैं

- सरल कदम - योजना बनाएं, मार्गदर्शन करें, चिंतन करें - आपके शिक्षण को बदल सकते हैं
- अनुभव के माध्यम से सीखना आजीवन जिज्ञासा और आत्मविश्वास का निर्माण करता है

अध्याय 6

प्रौद्योगिकी और मिश्रित शिक्षा का उपयोग करना

अध्याय का उद्देश्य शिक्षकों को यह समझने में मदद करना कि कक्षा में सरल, सार्थक और आयु-उपयुक्त डिजिटल उपकरणों को कैसे एकीकृत किया जाए और NEP 2020 में परिकल्पित मिश्रित शिक्षा को कैसे अपनाया जाए।

आइए शुरू करें : प्रौद्योगिकी एक उपकरण है, ध्यान भटकाने वाली नहीं प्रौद्योगिकी फैंसी गैजेट या महंगे सॉफ़्टवेयर के बारे में नहीं है। यह सीखने को बढ़ाने और शिक्षण को smarter, faster और अधिक मज़ेदार बनाने के बारे में है। NEP 2020 "मिश्रित शिक्षा" को प्रोत्साहित करता है - पारंपरिक आमने-सामने की विधियों और डिजिटल या ऑनलाइन उपकरणों के बीच एक संतुलन। यह शिक्षकों को विषय और छात्रों के अनुकूल होने के आधार पर चाक और क्लिक दोनों का उपयोग करने की लचीलापन देता है।

मिश्रित शिक्षा क्या है?

मिश्रित शिक्षा कक्षा शिक्षण और डिजिटल संसाधनों का मिश्रण है। यह शिक्षकों को स्क्रीन से बदलने के बारे में नहीं है - यह शिक्षकों को उपकरणों के साथ सशक्त बनाने के बारे में है। एक सरल उदाहरण :

- आप कक्षा में एक विषय का परिचय देते हैं (जैसे, "बारिश कैसे बनती है")
- फिर आप एक छोटा एनिमेटेड वीडियो या सिमुलेशन दिखाते हैं
- छात्र एक समूह कार्यपत्रक करते हैं, और बाद में एक ऐप या ऑनलाइन क्विज़ का उपयोग करके संशोधन करते हैं

कक्षाओं में प्रौद्योगिकी का उपयोग करने के लाभ

लाभ	परिणाम
दृश्य शिक्षण	बेहतर अवधारणा स्पष्टता
तत्काल प्रतिक्रिया	कमियों की तेज़ी से समझ
सामग्री तक कभी भी पहुंच	कक्षा सीखने को मज़बूत करता है
रचनात्मक अभिव्यक्ति	छात्र वीडियो, पोस्टर, कहानियां बनाते हैं
समावेशी शिक्षा	सभी सीखने वालों के लिए ऑडियो, दृश्य और भाषा सहायता

एक शिक्षक के रूप में प्रौद्योगिकी का उपयोग करने के 5 सरल तरीके

1. **शैक्षिक वीडियो का उपयोग करें** YouTube, DIKSHA और Khan Academy जैसे प्लेटफ़ॉर्म कई भाषाओं में छोटे, उच्च-गुणवत्ता वाले वीडियो प्रदान करते हैं। **इसे आज़माएं :** एक 3-5 मिनट का क्लिप चलाएं और फिर छात्रों से पूछें कि उन्होंने क्या समझा।
2. **डिजिटल क्विज़ या सर्वेक्षण बनाएं** तत्काल मूल्यांकन के लिए

Google Forms, Kahoot या Quizzizz का उपयोग करें। **इसे आज़माएं :** छात्रों के स्मार्टफोन या साझा डिवाइस का उपयोग करके 5-प्रश्नों के डिजिटल क्विज़ के साथ अपनी कक्षा समाप्त करें।

3. **घर पर सीखने के लिए व्हाट्सएप या टेलीग्राम का उपयोग करें** घर पर संशोधन के लिए माता-पिता को सरल असाइनमेंट, ऑडियो कहानियां या कार्यपत्रक भेजें। **इसे आज़माएं :** एक कहानी पढ़ते हुए अपनी आवाज़ रिकॉर्ड करें और बच्चों को घर पर सुनने के लिए साझा करें।
4. **छवियां या सिमुलेशन दिखाएं** खाद्य श्रृंखलाओं, भूगोल, शरीर प्रणालियों या ऐतिहासिक घटनाओं जैसे विषयों के लिए दृश्यों का उपयोग करें। **इसे आज़माएं :** भूगोल के पाठ के दौरान महाद्वीपों या स्थलों को दिखाने के लिए Google Earth का उपयोग करें।
5. **रचनात्मक कार्य असाइन करें** छात्रों से बुनियादी एप्स का उपयोग करके डिजिटल पोस्टर बनाने, साक्षात्कार रिकॉर्ड करने या फोटो निबंध बनाने के लिए कहें। **इसे आज़माएं :** मोबाइल फोन का उपयोग करके "मेरा सामुदायिक नायक" वीडियो साक्षात्कार असाइन करें।

सरकारी उपकरण जो हर शिक्षक को जानने चाहिए

प्लेटफ़ॉर्म	**उपयोग**
DIKSHA	भारतीय भाषाओं में वीडियो, पाठ्यपुस्तकें, शिक्षण सहायक सामग्री
NISHTHA	ऑनलाइन शिक्षक प्रशिक्षण मॉड्यूल
ePathshala	NCERT की किताबें और सामग्री
Swayam	छात्रों और शिक्षकों के लिए मुफ्त ऑनलाइन पाठ्यक्रम
PM eVIDYA	टीवी, रेडियो और डिजिटल उपकरणों सहित बहु-मोड शिक्षा

ये प्लेटफ़ॉर्म मुफ्त, बहुभाषी और NEP 2020 के अनुरूप हैं।

इंटरनेट के बिना भी: तकनीक अभी भी काम कर सकती है स्मार्टबोर्ड या वाई-फाई नहीं है? कोई बात नहीं। ऑफ़लाइन तकनीक या low-tech विकल्पों का उपयोग करें।

उपकरण	उपयोग कैसे करें
रेडियो	शैक्षिक कार्यक्रमों में ट्यून करें (जैसे, ऑल इंडिया रेडियो स्कूल प्रसारण)
टीवी	PM eVIDYA कार्यक्रम या रिकॉर्डेड पाठ देखें
पहले से डाउनलोड की गई सामग्री	USB या फ़ोन-टू-फ़ोन स्थानांतरण के माध्यम से PDF, वीडियो साझा करें
ऑडियो रिकॉर्डिंग	कहानी सुनाने के लिए MP3 प्लेयर या वॉयस मैसेज रिकॉर्ड करें

त्वरित जांच सूची : क्या आप मिश्रित शिक्षा का उपयोग कर रहे हैं?

हाँ/नहीं	अभ्यास
	मैंने इस सप्ताह अपनी कक्षा में कम से कम एक डिजिटल उपकरण का उपयोग किया है
	मैंने विषय से संबंधित एक छोटा वीडियो या चित्र दिखाया
	मैंने एक वॉयस नोट या डिजिटल कार्यपत्रक घर भेजा
	मैंने एक क्विज़ ऐप या ऑनलाइन टेस्ट प्लेटफ़ॉर्म का उपयोग किया
	मैंने DIKSHA या ePathshala से मुफ्त सामग्री तक पहुंच बनाई

यदि आपने 3 या अधिक का चेक किया है - तो आप प्रभावी ढंग से सीखने को मिला रहे हैं!

एडटेक के लिए क्या करें और क्या न करें

करें	न करें
सीखने को सरल बनाने के लिए तकनीक का उपयोग करें	केवल आधुनिक दिखने के लिए तकनीक का उपयोग करें
स्क्रीन का समय छोटा और केंद्रित रखें	बिना उद्देश्य के लंबे वीडियो न दिखाएं
सुनिश्चित करें कि सभी छात्र शामिल हैं	मान लें कि सभी के पास पहुंच है
चर्चा और व्यावहारिक कार्य के साथ तकनीक मिलाएं	सभी कक्षा गतिविधियों को स्क्रीन से बदलें

इसे आज़माएं : एक साधारण 30 मिनट की मिश्रित पाठ योजना

समय	कार्य	विधि
5 मिनट	वार्म-अप प्रश्न	शिक्षक-नेतृत्व
10 मिनट	एक वीडियो या सिमुलेशन देखें	प्रौद्योगिकी
10 मिनट	समूह चर्चा या ड्राइंग	गतिविधि-आधारित
5 मिनट	एक डिजिटल उपकरण का उपयोग करके त्वरित क्विज़	फॉर्मेटिव मूल्यांकन

यह योजना प्रौद्योगिकी को सार्थक, सीमित और आकर्षक रखती है।
चिंतनशील जर्नल संकेत एक तकनीक-सक्षम पाठ को आज़माने के बाद, चिंतन करें:

- क्या उपकरण ने छात्र की समझ में सुधार किया?
- मुझे किन चुनौतियों का सामना करना पड़ा?
- कौन सा छात्र सबसे ज़्यादा व्यस्त लग रहा था और क्यों? अपनी अगली कक्षा के लिए अपने शीर्ष 1-2 विचारों को लिखें।

अध्याय सारांश

- NEP 2020 मिश्रित शिक्षा को बढ़ावा देता है - डिजिटल और पारंपरिक शिक्षण का मिश्रण
- प्रौद्योगिकी को अच्छे शिक्षण का समर्थन करना चाहिए - उसे बदलना नहीं चाहिए
- वीडियो, व्हाट्सएप, DIKSHA और क्विज़ जैसे सरल, मुफ्त उपकरणों का उपयोग करें
- छोटे, उद्देश्यपूर्ण डिजिटल इंटरैक्शन की योजना बनाएं
- तकनीक का उपयोग करते समय चिंतन करें, अनुकूलन करें और समावेशी रहें

अध्याय 7

सतत व्यावसायिक विकास (CPD)

अध्याय का उद्देश्य शिक्षकों को NEP 2020 में परिकल्पित CPD के महत्व को समझने में मदद करना, और यह कि वे अपने ज्ञान, कौशल और आत्मविश्वास को दैनिक अभ्यास में विकसित करने के लिए छोटे, लगातार कदम कैसे उठा सकते हैं।

आइए शुरू करें : सीखना कभी नहीं रुकता शिक्षक अक्सर कहते हैं, "हम आजीवन सीखने वाले हैं।" NEP 2020 इसे गंभीरता से लेता है - और इसे एक राष्ट्रीय नीति प्राथमिकता में बदल देता है। सतत व्यावसायिक विकास (CPD) केवल प्रशिक्षण नहीं है - यह व्यक्तिगत और व्यावसायिक विकास के बारे में है। यह सुनिश्चित करता है कि शिक्षक अद्यतन, प्रेरित, चिंतनशील और सशक्त रहें। एक ऐसी दुनिया में जो तेज़ी से बदल रही है - डिजिटल रूप से, सामाजिक रूप से और शैक्षिक रूप से - शिक्षकों को CPD की

उतनी ही आवश्यकता है जितनी डॉक्टरों को नियमित अभ्यास अपडेट की।
CPD क्या है? CPD का अर्थ है सतत व्यावसायिक विकास। यह एक नियोजित, चल रही प्रक्रिया है जहाँ शिक्षक:

- नई तकनीकें सीखते हैं
- अपनी कक्षा प्रथाओं पर चिंतन करते हैं
- पाठ्यक्रम और शिक्षाशास्त्र पर अद्यतन रहते हैं
- नेतृत्व और संचार कौशल में सुधार करते हैं
- बेहतर परिणामों के लिए साथियों के साथ सहयोग करते हैं

NEP 2020 सिफारिश करता है कि हर शिक्षक हर साल कम से कम 50 घंटे का CPD कार्यशालाओं, ऑनलाइन पाठ्यक्रमों, सलाह, सहकर्मी शिक्षण और बहुत कुछ के माध्यम से पूरा करे।

CPD क्यों मायने रखता है

कारण	लाभ
आपको अद्यतन रखता है	नवीनतम शिक्षण उपकरणों और NEP रणनीतियों को जानें
आत्मविश्वास बनाता है	चुनौतियों को बेहतर ढंग से संभालें और नए विचारों को आज़माएं
छात्र सीखने में सुधार करता है	बेहतर शिक्षक = बेहतर कक्षाएं
चिंतन को प्रोत्साहित करता है	जो काम किया और जो नहीं किया, उससे सीखें

करियर विकास का समर्थन करता है नेतृत्व भूमिकाओं और सलाह के लिए द्वार खोलता है

CPD गतिविधियों के प्रकार सभी CPD को औपचारिक प्रशिक्षण केंद्र में होने की आवश्यकता नहीं है। यहां विकल्पों की एक श्रृंखला है:

CPD मोड	**उदाहरण**
औपचारिक प्रशिक्षण	NISHTHA मॉड्यूल, कार्यशालाएं, वेबिनार
सहकर्मी सीखना	टीम शिक्षण, एक सहयोगी का अवलोकन करना
स्व-अध्ययन	एक किताब पढ़ना, एक शिक्षण वीडियो देखना
चिंतन	एक शिक्षण जर्नल या डायरी रखना
अभ्यास-आधारित	एक नई विधि का प्रयास करना और परिणामों का विश्लेषण करना
सामुदायिक जुड़ाव	माता-पिता या स्थानीय विशेषज्ञों के साथ सहयोग करना

मुफ्त CPD के लिए अनुशंसित प्लेटफ़ॉर्म

प्लेटफ़ॉर्म	**उद्देश्य**
DIKSHA	कई भाषाओं में NEP-संरेखित प्रशिक्षण मॉड्यूल
NISHTHA	मूलभूत, प्रारंभिक और माध्यमिक शिक्षकों के लिए संरचित CPD पाठ्यक्रम
CBSE प्रशिक्षण पोर्टल	ऑनलाइन पाठ्यक्रम और प्रमाणीकरण
Swayam	विषय-विशिष्ट और कौशल-आधारित पाठ्यक्रम
YouTube चैनल	व्यावहारिक ट्यूटोरियल, शिक्षण विचार, कक्षा हैक

ये प्लेटफ़ॉर्म प्रमाणपत्र और लचीला स्व-गति से सीखने की सुविधा प्रदान करते हैं।

एक सरल CPD योजना बनाना आपको अपने स्कूल के कुछ व्यवस्थित करने का इंतज़ार करने की आवश्यकता नहीं है। अपने स्वयं के विकास की ज़िम्मेदारी लें :

चरण 1: एक क्षेत्र पहचानें "मैं अपनी कक्षा में समूह कार्य में सुधार करना चाहता हूँ।"

चरण 2 : संसाधन खोजें एक 10 मिनट का वीडियो देखें या सहकारी शिक्षण पर एक ब्लॉग पढ़ें।

चरण 3 : इसे कक्षा में लागू करें अपनी अगली अवधि में एक समूह गतिविधि का प्रयास करें।

चरण 4 : चिंतन करें लिखें कि क्या काम किया और क्या नहीं।

चरण 5 : साझा करें किसी सहकर्मी को बताएं कि आपने क्या सीखा, और उनके विचारों को सुनें। इस चक्र को पूरे साल दोहराएं!

इसे आज़माएं:
साप्ताहिक CPD दिनचर्या (केवल 30 मिनट/सप्ताह)

दिन	गतिविधि
सोमवार	एक शिक्षण रणनीति पर एक छोटा वीडियो देखें
बुधवार	हाल के पाठ पर चिंतन करें: क्या सुधार किया जा सकता है?
शुक्रवार	किसी सहकर्मी या स्टाफ रूम में एक कक्षा चुनौती पर चर्चा करें
रविवार	NEP या कक्षा तकनीकों पर एक लेख या ब्लॉग पढ़ें

लगातार सूक्ष्म-शिक्षण समय के साथ बड़े परिणाम देता है।

CPD ट्रैकर: एक सरल लॉग रखें

दिनांक	गतिविधि	बिताया गया समय	मुख्य सीख
2 जुलाई	FLN पर DIKSHA मॉड्यूल	45 मिनट	ध्वनियों को सिखाने के लिए फोनिक्स गेम का उपयोग करें
5 जुलाई	परियोजना-आधारित शिक्षण का प्रयास किया	–	छात्रों ने समूहों में बेहतर सहयोग किया
10 जुलाई	कक्षा दिनचर्या पर YouTube वीडियो देखा	15 मिनट	संक्रमण के लिए संगीत का उपयोग करें

यह डिजिटल या हस्तलिखित हो सकता है। आप Google शीट्स या मोबाइल नोट्स का भी उपयोग कर सकते हैं।

CPD के क्या करें और क्या न करें

करें	न करें
ऐसे विषय चुनें जो आपको उत्साहित या चुनौती दें	दूसरों के अपनी सीखने की योजना बनाने का इंतज़ार करें
जो कुछ भी आप सीखते हैं उसे दूसरों के साथ साझा करें	अपनी सीख को अपने तक ही सीमित रखें
नियमित रूप से चिंतन करें	यह सोचें कि एक प्रशिक्षण सत्र पर्याप्त है

नए स्वरूपों का अन्वेषण करें (वीडियो, ब्लॉग, सहकर्मी चैट)	केवल व्याख्यान या PDF पर ही टिके रहें
जिज्ञासु रहें	सोचें "मुझे पहले ही पर्याप्त पता है"

CPD एक-आकार-सभी के लिए नहीं है कुछ शिक्षक ऑनलाइन मॉड्यूल पसंद करते हैं। अन्य चर्चाओं या व्यावहारिक परीक्षणों के माध्यम से सबसे अच्छा सीखते हैं। NEP 2020 व्यक्तिगत CPD का समर्थन करता है - आपको यह चुनने को मिलता है कि आपको सबसे अधिक क्या चाहिए।

उदाहरण :

- एक फाउंडेशनल शिक्षक प्रारंभिक साक्षरता उपकरणों पर ध्यान केंद्रित कर सकता है
- एक मिडिल स्कूल शिक्षक समूह परियोजनाओं का पता लगा सकता है
- एक माध्यमिक शिक्षक करियर मार्गदर्शन कौशल में गोता लगा सकता है

चिंतनशील जर्नल संकेत

- मैं अभी किस कक्षा चुनौती का सामना कर रहा हूँ?
- कौन सी CPD गतिविधि मुझे इसे दूर करने में मदद कर सकती है?
- इस महीने के लिए मेरा सीखने का लक्ष्य क्या है? अपने उत्तर लिखें, और अवधि के अंत में उनकी समीक्षा करें।

अध्याय सारांश

- CPD का अर्थ है एक शिक्षक के रूप में लगातार और उद्देश्यपूर्ण ढंग से सीखना
- NEP 2020 प्रति वर्ष कम से कम 50 घंटे की सिफारिश करता है

- आप औपचारिक प्रशिक्षण, सहकर्मी शिक्षण, वीडियो या चिंतनशील अभ्यास के माध्यम से सीख सकते हैं
- एक सरल दिनचर्या बनाएं, अपने विकास को ट्रैक करें और दूसरों के साथ साझा करें
- एक बढ़ता हुआ शिक्षक बढ़ते हुए छात्रों की ओर ले जाता है

अध्याय 8

पुनर्कल्पित मूल्यांकन

अध्याय का उद्देश्य शिक्षकों को NEP 2020 के तहत अंकों-आधारित से सीखने-केंद्रित मूल्यांकन में बदलाव को समझने में मदद करना, और कक्षा में छात्रों का अधिक सार्थक रूप से मूल्यांकन करने के लिए सरल, व्यावहारिक तरीके प्रदान करना।

आइए शुरू करें : क्या यह अंकों के बारे में है या कौशल के बारे में? परंपरागत रूप से, मूल्यांकन अंकों और परीक्षाओं के बारे में रहा है। छात्र अंक प्राप्त करने के लिए अध्ययन करते थे - हमेशा समझने के लिए नहीं। NEP 2020 इसे बदलना चाहता है। नई नीति के तहत, मूल्यांकन को इससे बदलना चाहिए:

- याददाश्त का परीक्षण → समझ की जांच करना
- छात्रों की रैंकिंग → प्रगति का समर्थन करना
- एक बड़ी परीक्षा → निरंतर, कम दबाव वाली प्रतिक्रिया

लक्ष्य स्पष्ट है: मूल्यांकन को सीखने का हिस्सा बनाएं - उसके अंत में डर का नहीं।

NEP 2020 मूल्यांकन के बारे में क्या कहता है NEP केवल "सीखने का मूल्यांकन" ही नहीं, बल्कि "सीखने के लिए मूल्यांकन" को प्रोत्साहित करता है। यह एक 3-भाग दृष्टिकोण प्रस्तुत करता है:

1. शिक्षक मूल्यांकन – कक्षा के काम और बातचीत पर आधारित
2. सहकर्मी मूल्यांकन – छात्र एक दूसरे को प्रतिक्रिया देते हैं
3. स्व-मूल्यांकन – छात्र अपनी ताकत और कमियों पर चिंतन करते हैं

साथ में, ये चिंतन, ज़िम्मेदारी और वास्तविक विकास को बढ़ावा देते हैं।

अच्छा मूल्यांकन कैसा दिखता है? एक सार्थक मूल्यांकन:

- शिक्षक को बताता है कि बच्चा क्या समझता है
- बच्चे को बताता है कि वे कैसे प्रगति कर रहे हैं
- आत्मविश्वास बनाता है, डर नहीं
- सीखने के परिणामों के अनुरूप है
- रोज़ाना होता है, सिर्फ परीक्षाओं के दौरान नहीं

उदाहरण : "पौधों के प्रकार" पर एक परीक्षा के बजाय, छात्रों से वास्तविक पत्तियों को विशेषताओं के आधार पर समूहित करने और अपनी पसंद को समझाने के लिए कहें।

परीक्षाओं के बिना मूल्यांकन करने के 5 सरल तरीके

1. अवलोकन देखें कि छात्र समूहों में कैसे काम करते हैं, हाथ उठाते हैं, कार्यों को पूरा करते हैं। **टिप :** यह नोट करने के लिए एक चेकलिस्ट का उपयोग करें कि क्या छात्र विचारों को समझा सकते हैं, प्रदर्शित कर सकते हैं और जोड़ सकते हैं।
2. एग्जिट स्लिप्स कक्षा के अंत में, छात्रों से एक बात लिखने के लिए कहें जो उन्होंने सीखी और एक प्रश्न जो उनके पास अभी भी है। **लाभ :** इसमें केवल 5 मिनट लगते हैं और वास्तविक समय की प्रतिक्रिया

प्रदान करता है।

3. सहकर्मी प्रतिक्रिया छात्रों को जोड़े में बांटें और उन्हें 2 स्टार और 1 सुझाव का उपयोग करके एक दूसरे की परियोजनाओं या उत्तरों का मूल्यांकन करने के लिए कहें। **उदाहरण :** "आपने विचार को अच्छी तरह समझाया, आपका चार्ट साफ है, लेकिन आप ज़ोर से बोल सकते थे।"
4. पोर्टफोलियो छात्रों को अवधि के दौरान एक फ़ोल्डर में अपना सर्वश्रेष्ठ काम (चित्र, कहानियां, प्रयोग) इकट्ठा करने दें। **लाभ :** प्रगति, रचनात्मकता और प्रयास को दर्शाता है।
5. रूब्रिक्स एक सरल स्कोरिंग गाइड बनाएं। **उदाहरण :**

कौशल: एक जानवर का वर्णन करना	**उत्कृष्ट (3)**	**अच्छा (2)**	**काम की जरूरत है (1)**
3 या अधिक विशेषताओं का उपयोग किया	✔	✗	✗
स्पष्ट रूप से बोला	✔	✔	✗
जानवर बनाया	✔	✗	✗

रूब्रिक्स को छात्रों के साथ साझा करें - वे जानेंगे कि क्या अपेक्षित है!

इसे आज़माएं :
विभिन्न विषयों के लिए मूल्यांकन उपकरण

विषय	**गतिविधि**	**मूल्यांकन विधि**
अंग्रेजी	कहानी सुनाना	मौखिक प्रवाह + रचनात्मकता चेकलिस्ट

गणित	कीमतों के साथ एक दुकान बनाएं	पैसे के उपयोग का अवलोकन + गणना
विज्ञान	एक मॉडल बनाएं	सहकर्मी मूल्यांकन + स्पष्टीकरण
सामाजिक विज्ञान	समूह मानचित्र-निर्माण	टीम वर्क और सामग्री के लिए रूब्रिक
EVS	प्रकृति सैर का अवलोकन करें	चिंतन जर्नल प्रविष्टि
भाषाएँ	भूमिका निभाना	संवाद वितरण + शब्दावली का उपयोग

शिक्षकों के लिए दैनिक मूल्यांकन चेकलिस्ट

✔ हाँ/नहीं	अभ्यास
	मैंने गतिविधि के समय कम से कम 3 छात्रों का अवलोकन किया
	मैंने समझ की जांच करने के लिए खुले-अंत वाले प्रश्न पूछे
	मैंने इस सप्ताह लिखित परीक्षा के अलावा एक विधि का उपयोग किया
	मैंने केवल सही उत्तरों पर नहीं, बल्कि प्रयास पर प्रतिक्रिया दी
	मैंने छात्रों को अपनी शिक्षा पर चिंतन करने की अनुमति दी

3 या अधिक "हाँ"? आप पहले से ही NEP-शैली मूल्यांकन की ओर बढ़ रहे हैं!

मूल्यांकन के क्या करें और क्या न करें

करें	न करें
विभिन्न तरीकों का उपयोग करें (चित्रण, चर्चा, समूह कार्य)	केवल लिखित परीक्षाओं पर निर्भर रहें
आत्मविश्वास बढ़ाने वाली प्रतिक्रिया दें	बिना स्पष्टीकरण के उत्तरों को सही/गलत चिह्नित करें
छात्रों को चिंतन में शामिल करें	मूल्यांकन को केवल शिक्षक का कार्य रखें
नियमित रूप से और अनौपचारिक रूप से मूल्यांकन करें	मूल्यांकन के लिए अवधि के अंत तक प्रतीक्षा करें

सुधार पर ध्यान दें केवल अंकों या ग्रेड पर ध्यान केंद्रित करें

रिपोर्ट कार्ड से प्रगति कार्ड तक NEP एक बार के मार्कशीट को समग्र प्रगति कार्ड (HPCs) से बदलने की सिफारिश करता है जिसमें शामिल हैं :

- शैक्षणिक प्रगति
- कौशल और रुचियां
- मूल्य और व्यवहार
- शिक्षक + छात्र + माता-पिता की प्रतिक्रिया

यह रिपोर्टिंग को व्यक्तिगत, सार्थक और सर्वांगीण बनाता है। **टिप :** प्रत्येक बच्चे के लिए एक सरल प्रोफ़ाइल रखें - ताकत, चुनौतियां और सर्वश्रेष्ठ कार्य के नमूने।

चिंतनशील जर्नल संकेत

- क्या मैंने छात्रों का मूल्यांकन सीखने के दौरान किया या केवल अंत में?
- मैंने ऐसी कौन सी प्रतिक्रिया दी जिसने प्रयास या रचनात्मकता को प्रोत्साहित किया?
- मैं अगले सप्ताह मूल्यांकन को और अधिक joyful और उपयोगी कैसे बना सकता हूँ? अपने उत्तर लिखें और अगली कक्षा में एक नई विधि आज़माएं।

अध्याय सारांश

- NEP 2020 मूल्यांकन को निरंतर, योग्यता-आधारित और बाल-अनुकूल के रूप में पुनर्कल्पित करता है
- परीक्षाओं से अवलोकन, परियोजनाओं, सहकर्मी समीक्षा और पोर्टफोलियो जैसे कई तरीकों पर आगे बढ़ें
- ऐसी प्रतिक्रिया दें जो विकास और आत्मविश्वास को बढ़ावा दे
- मूल्यांकन को स्पष्ट और सहायक बनाने के लिए रूब्रिक्स, चेकलिस्ट और चिंतन उपकरणों का उपयोग करें
- स्व-और सहकर्मी-मूल्यांकन के साथ छात्रों को सशक्त बनाएं

अध्याय 9

बहुभाषी कक्षाएं आसान बनाई गईं

अध्याय का उद्देश्य शिक्षकों को यह समझने में मदद करना कि बहुभाषी सीखने वालों का समर्थन कैसे करें, छात्रों की घर की भाषाओं का उपयोग कैसे करें, और NEP 2020 दिशानिर्देशों के अनुसार हिंदी, अंग्रेजी या क्षेत्रीय भाषाओं में औपचारिक निर्देश के लिए आसानी से कैसे पुल बनाएं।

आइए शुरू करें : कई भाषाएं, एक कक्षा भारत एक बहुभाषी देश है। एक ही कक्षा में ऐसे बच्चे हो सकते हैं जो हिंदी, मराठी, बंगाली, उर्दू, तमिल, तेलुगु या यहां तक कि आदिवासी बोलियां बोलते हैं - अक्सर एक ही स्कूल में। इसे चुनौती मानने के बजाय, NEP 2020 शिक्षकों को भाषा विविधता को एक ताकत के रूप में अपनाने के लिए प्रोत्साहित करता है। बच्चे अपनी समझ की भाषा में सबसे अच्छा सीखते हैं। बहुभाषी कक्षाएं, जब समझदारी से संभाली जाती हैं, तो सीखने को अधिक समावेशी, अधिक सम्मानजनक और अधिक प्रभावी बना सकती हैं।

NEP 2020 भाषा के बारे में क्या कहता है

- जहाँ तक संभव हो, कक्षा 5 तक, अधिमानतः कक्षा 8 तक, घर की भाषा/मातृभाषा/स्थानीय भाषा शिक्षा का माध्यम होनी चाहिए।
- बच्चों को स्कूल में तीन भाषाओं से अवगत कराया जाना चाहिए।
- किसी भी भाषा को थोपा नहीं जाएगा। स्कूलों और शिक्षकों को एक लचीला, बहुभाषी दृष्टिकोण का पालन करना चाहिए।
- भाषा सीखने में सुनना, बोलना, पढ़ना और लिखना शामिल होना चाहिए, जिसमें अकेले व्याकरण पर नहीं, बल्कि अभिव्यक्ति और समझ पर ध्यान केंद्रित किया जाए।

घर की भाषा का उपयोग क्यों करें?

लाभ	परिणाम
आत्मविश्वास बनाता है	बच्चे अधिक स्वतंत्र रूप से भाग लेते हैं
समझ में सुधार करता है	परिचित शब्दों में अवधारणाएं स्पष्ट होती हैं
स्कूल में बदलाव को सुगम बनाता है	ड्रॉपआउट और निराशा को कम करता है
बच्चे की संस्कृति को महत्व देता है	बच्चों को सम्मानित और समावेशी महसूस कराता है

बच्चे अपने घर की भाषा में सोचते, महसूस करते और सपने देखते हैं। अगर हम इसे नज़रअंदाज़ करते हैं, तो हम सीखने को जीवन से अलग कर देते हैं।

बहुभाषी कक्षाओं के लिए 5 व्यावहारिक रणनीतियाँ

1. अवधारणाओं को पेश करने के लिए बच्चे की भाषा का उपयोग करें यदि कोई छात्र हिंदी या अंग्रेज़ी में किसी शब्द को नहीं समझता है, तो उसे उनकी मातृभाषा में समझाएं (यदि आप इसे जानते हैं) या किसी सहकर्मी से मदद करने के लिए कहें। **उदाहरण :** अंग्रेज़ी और स्थानीय भाषा का मिश्रण करें: "Photosynthesis – यानी कि पौधे ख़ुद से अपना खाना बनाते हैं।"
2. दृश्य, कार्य और उदाहरणों का उपयोग करें शब्द संवाद करने का एकमात्र तरीका नहीं हैं। उपयोग करें :
   o चित्र, चार्ट और मानचित्र
   o भूमिका निभाना और हावभाव
   o वास्तविक वस्तुएं और प्रदर्शन **इसे आज़माएं :** भाषा-भारी स्पष्टीकरणों के बजाय स्कूल के मानचित्र और छात्र आंदोलन का उपयोग करके "दिशाएं" सिखाएं।
3. सहकर्मी सीखने को प्रोत्साहित करें विभिन्न भाषाई पृष्ठभूमि वाले छात्रों को समूहित करें और उन्हें एक दूसरे की मदद करने दें। कई स्वाभाविक रूप से अपने साथियों के लिए सहायक और अनुवादक बन जाएंगे। **उदाहरण :** एक धाराप्रवाह बच्चे को अपनी घर की भाषा में एक नए छात्र को एक गतिविधि समझाने दें।
4. एक बहुभाषी शब्द दीवार बनाएं महत्वपूर्ण शब्दों को दो या तीन भाषाओं में प्रदर्शित करें। इसे नियमित रूप से अपडेट करें।
   उदाहरण :
   o "Water – पानी – Neeru"
   o "Tree – पेड़ – Maram" यह सभी सीखने वालों को शब्दावली बनाने में मदद करता है और कई भाषाओं के लिए सम्मान दिखाता है।
5. कई भाषाओं में गाने और कहानियों का उपयोग करें कहानियां, तुकबंदी और लोक गीत एक शक्तिशाली बहुभाषी उपकरण हो

सकते हैं। **इसे आज़माएं :** एक हिंदी तुकबंदी सिखाएं, फिर एक छात्र को अपनी भाषा में एक समान साझा करने के लिए आमंत्रित करें।

इसे आज़माएं : सरल बहुभाषी गतिविधियां

गतिविधि	लक्ष्य
कहानी रिले	एक भाषा में एक कहानी शुरू करें, दूसरी में जारी रखें
शब्द खोज	छात्र 3 वस्तुओं को ढूंढते हैं और उन्हें 2 भाषाओं में नाम देते हैं
भूमिका निभाना	घर और स्कूल की भाषा का उपयोग करके दृश्यों को अभिनीत करें
अभिवादन खेल	छात्र अपनी मूल भाषा से अभिवादन सिखाते हैं
द्विभाषी पढ़ना	एक वाक्य को दो भाषाओं में पढ़ें और अर्थ पूछें

ये खेल समावेशन, भाषा सीखने और खुशी को प्रोत्साहित करते हैं!

चेकलिस्ट : क्या मैं एक बहुभाषी कक्षा का समर्थन कर रहा हूँ?

✔ हाँ/नहीं	अभ्यास
	मैं बच्चों को अपनी घर की भाषा में विचार व्यक्त करने की अनुमति देता हूँ
	मैं समझ का समर्थन करने के लिए दृश्यों और हावभाव का उपयोग करता हूँ
	मैं एक से अधिक भाषाओं में महत्वपूर्ण शब्द प्रदर्शित करता हूँ

	मैं द्विभाषी छात्रों को साथियों का समर्थन करने के लिए कहता हूँ
	मैं विभिन्न संस्कृतियों से गाने/कहानियों का उपयोग करता हूँ

यदि आपने 3 या अधिक का चेक किया है - तो आप एक समावेशी भाषा का माहौल बना रहे हैं!

बहुभाषी शिक्षण के लिए क्या करें और क्या न करें

करें	न करें
कक्षा में सभी भाषाओं का सम्मान करें	पहले दिन से केवल एक भाषा थोपें
भाषा को एक पुल के रूप में उपयोग करें, बाधा के रूप में नहीं	बोलियों पर हंसें या कठोरता से ठीक करें
भाषाओं के बीच संबंध बनाएं	हिंदी या अंग्रेजी़ में तत्काल प्रवाह की अपेक्षा करें
छात्रों को परिचित शब्दों का उपयोग करने दें	घर की भाषा का उपयोग करने के लिए बच्चों को दंडित करें
भाषा विविधता का जश्न मनाएं	कुछ बच्चों को जिन भाषा चुनौतियों का सामना करना पड़ता है, उन्हें नज़रअंदाज़ करें

त्रिभाषा सूत्र को समझना NEP 2020 एक लचीले त्रिभाषा सूत्र को बढ़ावा देता है :

1. घर की भाषा/स्थानीय भाषा – वैचारिक समझ के लिए
2. क्षेत्रीय/राज्य भाषा – समाज से जुड़ने के लिए

3. हिंदी या अंग्रेजी या कोई अन्य भारतीय भाषा – व्यापक संचार के लिए

याद रखें : भाषाओं का चुनाव निश्चित नहीं है - यह स्थानीय ज़रूरतों और बच्चे के आराम पर आधारित होना चाहिए।

वास्तविक जीवन का उदाहरण
कर्नाटक में एक कक्षा में:

- शिक्षक कन्नड़ में एक विषय का परिचय देता है
- फिर वह महत्वपूर्ण शब्दों के लिए अंग्रेजी में स्विच करती है
- छात्रों को आवश्यकतानुसार तुलु या उर्दू में अवधारणा को समझाने के लिए प्रोत्साहित किया जाता है
- गतिविधि एक चित्र और किसी भी भाषा में एक छोटी मौखिक प्रस्तुति के साथ समाप्त होती है परिणाम: सभी छात्र देखे, सुने और शामिल महसूस करते हैं।

चिंतनशील जर्नल संकेत

- मेरी कक्षा में कौन सा बच्चा निर्देश की भाषा से जूझ रहा है?
- क्या मैंने सीखने का समर्थन करने के लिए बच्चे की घर की भाषा का उपयोग किया है?
- इस सप्ताह मैं कौन सी एक बहुभाषी रणनीति आज़मा सकता हूँ?

अध्याय सारांश

- NEP 2020 बहुभाषी कक्षाओं को बढ़ावा देता है जहाँ घर की भाषा को महत्व दिया जाता है
- बच्चे बेहतर सीखते हैं जब वे कक्षा में उपयोग की जाने वाली भाषा को समझते हैं

- दृश्य, सहकर्मी समर्थन, शब्द दीवारें और द्विभाषी निर्देश का उपयोग करें
- भाषा कलंक से बचें और सम्मान के माध्यम से समावेशन को बढ़ावा दें
- भाषा के साथ पुल बनाएं - दीवारें नहीं

अध्याय 10

21वीं सदी के कौशल सिखाना

अध्याय का उद्देश्य शिक्षकों को यह समझने में मदद करना कि 21वीं सदी के कौशल क्या हैं, वे आज की दुनिया में क्यों मायने रखते हैं, और NEP-अनुरूप सरल, व्यावहारिक रणनीतियों के माध्यम से उन्हें रोज़मर्रा की कक्षा के अभ्यास में कैसे विकसित किया जाए।

आइए शुरू करें : क्या हम आज के लिए सिखा रहे हैं या कल के लिए?
दुनिया तेज़ी से बदल रही है - प्रौद्योगिकी, नौकरियां और जीवन स्वयं 10 साल पहले जैसे नहीं हैं। हमारे बच्चे एक ऐसी दुनिया में प्रवेश कर रहे हैं जहां रटकर सीखना पर्याप्त नहीं है। उन्हें सोचने, अनुकूलन करने, संवाद करने और रचनात्मक रूप से समस्याओं को हल करने की आवश्यकता है। NEP 2020 स्पष्ट रूप से कहता है: शिक्षा को छात्रों को 21वीं सदी के कौशल से लैस करना चाहिए - न केवल विषय ज्ञान, बल्कि वास्तविक जीवन की स्थितियों में इसका उपयोग करने की क्षमता भी।

21वीं सदी के कौशल क्या हैं? NEP 2020 चार मुख्य कौशल क्षेत्रों पर प्रकाश डालता है जिन्हें अक्सर 4C कहा जाता है:

कौशल	**इसका क्या अर्थ है**
आलोचनात्मक सोच	प्रश्न पूछना, विश्लेषण करना और निर्णय लेना
रचनात्मकता	नए विचारों को सोचना, उन्हें विभिन्न तरीकों से व्यक्त करना
सहयोग	दूसरों के साथ अच्छा काम करना, कार्यों को साझा करना, विचारों का सम्मान करना
संचार	विचारों को स्पष्ट रूप से व्यक्त करना - मौखिक, लिखित, दृश्य

इसमें डिजिटल साक्षरता, भावनात्मक बुद्धिमत्ता, समस्या-समाधान, नैतिकता और अनुकूलन क्षमता भी शामिल है।

इन कौशलों को स्कूल में क्यों सिखाएं?

कारण	**प्रभाव**
जीवन और कार्य के लिए तैयार करता है	छात्रों को उन नौकरियों का सामना करना पड़ेगा जो अभी मौजूद नहीं हैं
आत्मविश्वास और स्वतंत्रता बनाता है	सीखने वाले निर्णय लेने वाले बन जाते हैं
समझ में सुधार करता है	छात्र सिर्फ तेज़ी से नहीं, बल्कि गहराई से सोचते हैं
समावेशिता को प्रोत्साहित करता है	हर कोई एक टीम में अलग-अलग ताकत लाता है
NEP लक्ष्यों के साथ संरेखित होता है	समग्र और बहु-विषयक शिक्षा को बढ़ावा देता है

NEP टिप : कौशल विषयों के माध्यम से सिखाए जाने चाहिए, अलग से नहीं।

कक्षा में 21वीं सदी के कौशल बनाने के सरल तरीके

1. खुले-अंत वाले प्रश्न पूछें "भारत की राजधानी क्या है?" के बजाय, पूछें: "यदि आप राजधानी को स्थानांतरित कर सकते हैं, तो आप इसे कहाँ रखेंगे और क्यों?" यह आलोचनात्मक सोच और रचनात्मकता का निर्माण करता है।
2. समूह परियोजनाएं और कार्य भूमिकाएं सौंपें: नेता, लेखक, वक्ता, समय-पालक। उन्हें एक साथ काम करने दें और निष्कर्ष प्रस्तुत करने दें। **उदाहरण:** "अपने स्वयं के जानवर को ऐसी विशेषताओं के साथ डिज़ाइन करें जो उसे जीवित रहने में मदद करें।"
3. सोचो-जोड़ी-साझा करो छात्रों को एक प्रश्न दें। उन्हें चुपचाप सोचने दें, फिर एक साथी के साथ चर्चा करें, फिर कक्षा के साथ साझा करें। यह संचार और आत्मविश्वास में सुधार करता है।
4. बहस और भूमिका निभाना वास्तविक दुनिया के मुद्दों को लें: "क्या स्कूल में मोबाइल फोन की अनुमति होनी चाहिए?" टीमों को असाइन करें और उन्हें शोध करने, बहस करने और चिंतन करने दें।
5. दैनिक जर्नलिंग का उपयोग करें छात्रों से चिंतन लिखने के लिए कहें:
   o मैंने आज क्या सीखा?
   o मुझे किस बात से जूझना पड़ा?
   o मैं क्या अलग करता? यह आत्म-जागरूकता और भावनात्मक बुद्धिमत्ता का निर्माण करता है।

इसे आज़माएं: कौशल-एकीकृत गतिविधियां

विषय	गतिविधि	कौशल फोकस
अंग्रेजी	एक कहानी का नया अंत लिखें	रचनात्मकता, लेखन
गणित	वास्तविक जीवन की बजट समस्या हल करें	आलोचनात्मक सोच
विज्ञान	पानी फिल्टर मॉडल बनाएं	सहयोग, नवाचार
सामाजिक विज्ञान	एक नकली चुनाव आयोजित करें	नेतृत्व, संचार
EVS	जल संरक्षण के लिए एक पोस्टर डिज़ाइन करें	दृश्य संचार
कला	एक छोटा नाटक बनाएं	अभिव्यक्ति, टीम वर्क

आपको अतिरिक्त अवधियों की आवश्यकता नहीं है - बस अपने मौजूदा पाठों पर फिर से विचार करें।

कौशल निर्माण को बढ़ावा देने के लिए कक्षा उपकरण

उपकरण	उपयोग
एग्जिट स्लिप्स	कक्षा के अंत में एक चिंतनशील या रचनात्मक प्रश्न पूछें
छात्र पोर्टफोलियो	समय के साथ कौशल के उपयोग के प्रमाण एकत्र करें

समूह चिंतन	समूह कार्य के बाद, चर्चा करें कि क्या अच्छा हुआ या क्या सुधर सकता है
रूब्रिक्स	टीम वर्क या स्पष्टता जैसे कौशल का मूल्यांकन करने के लिए सरल रूब्रिक्स का उपयोग करें
सहकर्मी प्रतिक्रिया	छात्र एक दूसरे को संरचित प्रतिक्रिया देते हैं

नोट : इन उपकरणों में कम समय लगता है लेकिन बड़े परिणाम मिलते हैं।

जांच सूची: क्या आप 21वीं सदी के कौशल विकसित कर रहे हैं?

✔ हाँ/ नहीं	अभ्यास
	मैं नियमित रूप से खुले-अंत वाले या समस्या-समाधान वाले प्रश्न पूछता हूँ
	मैं साझा ज़िम्मेदारियों के साथ समूह कार्य सौंपता हूँ
	मैं छात्रों को अपनी शिक्षा पर चिंतन करने के लिए प्रोत्साहित करता हूँ
	मैं कक्षा के निर्णयों या चर्चाओं में छात्रों को आवाज़ देता हूँ
	मैं केवल सही/गलत उत्तरों से अधिक का मूल्यांकन करता हूँ

यदि आपने 3 या अधिक का "हाँ" में उत्तर दिया है - तो आप छात्रों को वास्तविक दुनिया के लिए तैयार करने में मदद कर रहे हैं!

21वीं सदी के कौशल सिखाने के क्या करें और क्या न करें

करें	न करें
जिज्ञासा को प्रोत्साहित करें और छात्रों को सोचने के लिए चुनौती दें	केवल पाठ्यपुस्तक सामग्री पर ध्यान केंद्रित करें
सीखने के हिस्से के रूप में विफलता की अनुमति दें	ग़लतियों को कठोरता से दंडित करें
एक से अधिक सही उत्तरों के साथ लचीले कार्य प्रदान करें	केवल परीक्षाओं या याददाश्त के लिए सिखाएं
छात्र-नेतृत्व वाली चर्चाओं का उपयोग करें	कक्षा में अकेले बोलने वाले बनें
सम्मान, लचीलापन, टीम वर्क जैसे मूल्यों का निर्माण करें	नरम

कौशल या भावनाओं को अनदेखा करें

वास्तविक जीवन का उदाहरण कक्षा 6 की विज्ञान शिक्षिका यह कार्य देती है:

"अपने घर या स्कूल में एक समस्या को हल करने के लिए अपना स्वयं का आविष्कार बनाएं।" छात्र:

- समूहों में विचारों पर विचार-मंथन करें
- अपने आविष्कार का चित्र बनाएं या मॉडल बनाएं
- इसे कक्षा में प्रस्तुत करें
- चिंतन करें कि क्या आसान था, कठिन था और मज़ेदार था परिणाम:
- आलोचनात्मक सोच
- रचनात्मकता

- टीम वर्क
- संचार
- आनंदमय सीखना!

चिंतनशील जर्नल संकेत

- मैं पहले से ही कौन सा 21वीं सदी का कौशल अच्छी तरह से प्रोत्साहित करता हूँ?
- मैं अगले सप्ताह किस पर ध्यान केंद्रित करना चाहता हूँ?
- मैं एक नियमित पाठ को कौशल-निर्माण के अवसर में कैसे बदल सकता हूँ?

अध्याय सारांश

- NEP 2020 21वीं सदी के कौशल पर ज़ोर देता है: आलोचनात्मक सोच, रचनात्मकता, संचार और सहयोग
- कौशल अतिरिक्त नहीं हैं - वे रोज़मर्रा के विषय शिक्षण का हिस्सा हैं
- खुले-अंत वाले प्रश्न, समूह कार्य, चिंतन और वास्तविक जीवन के कार्यों का उपयोग करें
- रूब्रिक्स, सहकर्मी प्रतिक्रिया और पोर्टफोलियो के माध्यम से कौशल का मूल्यांकन करें
- छात्रों को सिर्फ अच्छे सीखने वाले नहीं - बल्कि स्मार्ट विचारक और कर्ता बनने में मदद करें

अध्याय 11

सहानुभूति के साथ कक्षा प्रबंधन

अध्याय का उद्देश्य शिक्षकों को NEP 2020 द्वारा प्रोत्साहित सहानुभूति, समझ और समावेशन के साथ कक्षाओं का प्रबंधन करने में मदद करना - जबकि अनुशासन, आपसी सम्मान और आनंदमय सीखने को बढ़ावा देना।

आइए शुरू करें : केवल मिनटों का नहीं, मन का प्रबंधन कई शिक्षक कहते हैं, "मैं कक्षा को नियंत्रित किए बिना पढ़ा नहीं सकता।" लेकिन क्या होगा अगर हम कक्षा प्रबंधन को नियंत्रण के रूप में नहीं, बल्कि संबंध के रूप में फिर से परिभाषित करें? NEP 2020 ऐसी कक्षाओं को बढ़ावा देता है जो सुरक्षित, समावेशी और आनंदमय हों। यह शिक्षक-छात्र संबंध से शुरू होता है। सहानुभूति - बच्चों को क्या महसूस होता है उसे समझने और सम्मान करने की क्षमता - नींव है। अनुशासन महत्वपूर्ण है, लेकिन यह आपसी सम्मान से आना चाहिए, डर से नहीं।

कक्षा प्रबंधन क्या है? इसका अर्थ एक ऐसा स्थान बनाना है जहाँ:

- सीखने में लगातार रुकावटें न हों
- छात्र सुने, सम्मानित और व्यस्त महसूस करें
- शिक्षक अधिकार को सहानुभूति के साथ संतुलित करता है
- हर कोई नियमों को जानता है और उनका पालन करने में सुरक्षित महसूस करता है

अच्छा प्रबंधन सख्त नियमों के बारे में नहीं है - यह सुसंगत दिनचर्या और सम्मानजनक संबंधों के बारे में है।

सहानुभूति क्यों मायने रखती है

सहानुभूति के बिना	**सहानुभूति के साथ**
छात्र शिक्षक से डरते हैं	छात्र शिक्षक पर भरोसा करते हैं
दुर्व्यवहार बढ़ता है	बच्चे सुरक्षित महसूस करते हैं और सुनते हैं
एक-आकार-सभी के लिए दंड	व्यक्तिगत ज़रूरतों को समझना
कम भागीदारी	आत्मविश्वास और भागीदारी बढ़ती है

कक्षा का प्रबंधन करने के लिए 5 सहानुभूतिपूर्ण रणनीतियाँ

1. स्पष्ट, सरल नियम निर्धारित करें कक्षा के नियम बनाने में छात्रों को शामिल करें। यह स्वामित्व बनाता है। **इसे आज़माएं :** "हम किस तरह की कक्षा चाहते हैं?" छात्रों को नियम सुझाने दें जैसे:
   o जब कोई बोल रहा हो तो सुनें
   o अपने हाथ-पैर अपने पास रखें
   o जिन दोस्तों को सहायता की आवश्यकता है उनकी मदद करें

2. **प्रतिक्रियाओं की नहीं, दिनचर्या का उपयोग करें** बच्चे अनुमानित संरचना के साथ पनपते हैं। इसके लिए एक दैनिक दिनचर्या बनाएं:
   o प्रवेश और निकास
   o विषयों के बीच संक्रमण
   o समूह कार्य
   o प्रश्न पूछना **यह भ्रम को कम करता है और ऊर्जा को केंद्रित रखता है।**
3. उन्हें अच्छा करते हुए पकड़ें नकारात्मक को दंडित करने से अधिक सकारात्मक व्यवहार को नोटिस करें और उसकी सराहना करें। उदाहरण: "मुझे बहुत पसंद आया कि आपने अपनी बारी का इंतज़ार कैसे किया - बहुत अच्छा!" सार्वजनिक रूप से प्रशंसा करें। निजी तौर पर ठीक करें।
4. आदेशों के बजाय 'मैं' संदेशों का उपयोग करें "शोर करना बंद करो!" के बजाय, कोशिश करें: "जब शोर होता है तो मुझे ध्यान भंग होता है। क्या हम अपनी आवाज़ कम करने की कोशिश कर सकते हैं?" यह सम्मानजनक है और भावनात्मक जागरूकता सिखाता है।
5. भावनाओं के लिए एक सुरक्षित स्थान बनाएं बच्चों को इसके माध्यम से भावनाओं को व्यक्त करने की अनुमति दें:
   o सुबह की चेक-इन ("आज आप कैसा महसूस कर रहे हैं?")
   o भावना चार्ट
   o शांत होने के लिए शांत कोने **NEP टिप :** आनंदमय सीखना तब होता है जब बच्चे भावनात्मक रूप से सुरक्षित महसूस करते हैं।

इसे आज़माएं:
दैनिक 10 मिनट की कनेक्शन योजना

समय	कार्य	उद्देश्य
5 मिनट	सुबह का घेरा	भावनाओं, विचारों, एक कहानी को साझा करें
2 मिनट	आंदोलन ब्रेक	विषयों के बीच ऊर्जा छोड़ें
2 मिनट	प्रशंसा हाइलाइट	दया या सीखने के एक कार्य की सराहना करें
1 मिनट	दिन के अंत का चिंतन	आज आपको क्या पसंद आया?

हर दिन थोड़ा सा संबंध विश्वास बनाता है और व्यवधानों को कम करता है।

जांच सूची : क्या मैं सहानुभूति के साथ प्रबंधन कर रहा हूँ?

✔ हाँ/नहीं	अभ्यास
	मैं नियम निर्धारित करने में छात्रों को शामिल करता हूँ
	मैं प्रतिक्रिया देने से पहले बच्चे की बात सुनता हूँ
	मैं प्रयास और दयालुता के लिए छात्रों की प्रशंसा करता हूँ
	मैं व्यवहार को ठीक करने के लिए कोमल भाषा का उपयोग करता हूँ
	मैं बच्चों को भावनाओं को व्यक्त करने के लिए जगह बनाता हूँ

यदि आपने 3 या अधिक का "हाँ" में उत्तर दिया है - तो आप एक सम्मानजनक और सुरक्षित कक्षा बना रहे हैं!

सामान्य स्थितियों के लिए नमूना प्रतिक्रियाएं

स्थिति	पारंपरिक प्रतिक्रिया	सहानुभूतिपूर्ण प्रतिक्रिया
एक बच्चा गृहकार्य भूल जाता है	"आप इसे फिर से क्यों नहीं लाए?"	"क्या आपको कुछ परेशान कर रहा है? बात करना चाहेंगे?"
दो बच्चे बहस कर रहे हैं	"तुम दोनों अब रुक जाओ!"	"चलो बारी-बारी से। एक व्यक्ति बोलता है, फिर दूसरा।"
एक छात्र भाग लेने से इनकार करता है	"यदि आप उत्तर नहीं देंगे, तो मैं आपके माता-पिता को बुलाऊंगा।"	"क्या आप पहले एक समूह में प्रयास करना चाहेंगे?"

व्यवहार को समझना : यह संचार है बच्चों के पास तनाव, डर या बोरियत व्यक्त करने के लिए हमेशा शब्द नहीं होते हैं - इसलिए वे अतिक्रिया करते हैं। पूछने के बजाय: "इस बच्चे के साथ क्या गलत है?"

पूछें : "इस बच्चे को क्या हो रहा है?" ट्रिगर खोजें:

- क्या वे भूखे, थके हुए या चिंतित हैं?
- क्या सामग्री बहुत कठिन है?
- क्या उन्हें आंदोलन या शांत समय की आवश्यकता है?

सहानुभूतिपूर्ण प्रबंधन के लिए क्या करें और क्या न करें

करें	न करें
शांत, स्पष्ट आवाज़ का उपयोग करें	चिल्लाएं या धमकी दें
बच्चे को नहीं, व्यवहार को संबोधित करें	"तुम बुरे हो" जैसी बातें न कहें
विकल्प प्रदान करें	आज्ञाकारिता थोपें
फिर से प्रयास करने का मौका दें	छोटी ग़लतियों के लिए सख्त दंड का उपयोग करें
धीरे-धीरे विश्वास बनाएं	मुश्किल छात्रों में तत्काल बदलाव की उम्मीद करें

शांत कक्षाओं के लिए माइंडफुलनेस उपकरण तनाव कम करने के लिए त्वरित रणनीतियों का उपयोग करें:

- श्वास व्यायाम ("फूल सूंघो, मोमबत्ती बुझाओ")
- छोटे शरीर के खिंचाव
- शांत आवाज़ें या संगीत सुनना
- ध्यान केंद्रित करने के लिए एक मिनट का मौन माइंडफुलनेस के केवल 2-3 मिनट भी बड़े व्यवधानों को रोक सकते हैं।

चिंतनशील जर्नल संकेत

- कौन सा बच्चा मुझे सबसे ज़्यादा चुनौती देता है - और क्यों?
- क्या मैंने उनकी ज़रूरतों या ट्रिगर्स को समझने की कोशिश की है?
- इस सप्ताह मैं जुड़ने के लिए, सामना करने के लिए नहीं, कौन सी नई रणनीति आज़मा सकता हूँ?

अध्याय सारांश

- NEP 2020 सम्मानजनक, समावेशी और भावनात्मक रूप से सुरक्षित कक्षाओं को प्रोत्साहित करता है
- कक्षा प्रबंधन सहानुभूति से आना चाहिए, डर से नहीं
- दिनचर्या, नरम सुधार, प्रशंसा और छात्र की आवाज़ का उपयोग करें
- समझें कि व्यवहार अक्सर अधूरी ज़रूरतों का संकेत होता है
- एक अच्छी तरह से प्रबंधित कक्षा वह है जहाँ बच्चे देखे, सुरक्षित और समर्थित महसूस करते हैं

अध्याय 12

लैंगिक संवेदनशीलता और समावेशी शिक्षा

अध्याय का उद्देश्य शिक्षकों को NEP 2020 मूल्यों के अनुरूप लैंगिक-संवेदनशील, समावेशी कक्षाएं बनाने में मदद करना, जहां हर बच्चा - लिंग, क्षमता या पृष्ठभूमि की परवाह किए बिना - सम्मानित, सुरक्षित और पूरी तरह से सीखने में सक्षम महसूस करता है।

आइए शुरू करें : हर बच्चा, हर अधिकार अपनी कक्षा के चारों ओर देखें। क्या आपके सभी छात्र समान रूप से देखते, सुनते और अपने को मूल्यवान महसूस करते हैं?NEP 2020 समानता, समावेशन और विविधता के सम्मान पर केंद्रित है। यह हमें याद दिलाता है कि कक्षाओं को सभी के लिए निष्पक्षता और गरिमा को प्रतिबिंबित करना चाहिए - लिंग, जाति, भाषा, क्षमता और पृष्ठभूमि में। और यह हमसे शुरू होता है - शिक्षकों से।

लैंगिक संवेदनशीलता क्या है?
लैंगिक संवेदनशीलता का अर्थ समझना है कि:

- लड़के और लड़कियों को अलग-अलग चुनौतियों और दबावों का सामना करना पड़ सकता है
- सीखना सामाजिक अपेक्षाओं से प्रभावित होता है (जैसे, "लड़के रोते नहीं," "लड़कियां शांत होती हैं")
- सभी लिंगों को समान प्रोत्साहन, अवसर और दृश्यता मिलनी चाहिए

यह केवल "सभी के साथ समान व्यवहार करना" नहीं है - यह उनकी वास्तविकताओं को समझना और निष्पक्षता के साथ प्रतिक्रिया देना है।

समावेशी शिक्षा क्या है?

समावेशी शिक्षा का अर्थ यह सुनिश्चित करना है कि:

- विकलांग बच्चों, सीखने की अक्षमताओं या सामाजिक नुकसान वाले बच्चों को कक्षा का पूर्ण हिस्सा होना चाहिए
- पाठ्यक्रम, कक्षा और मूल्यांकन बच्चों की ज़रूरतों के अनुसार अनुकूलित होते हैं
- सीखना जुड़ाव के स्थान पर होता है, अलगाव में नहीं

समावेशन एक "विशेष कार्यक्रम" नहीं है - यह सभी का एक साथ सीखना है, समर्थन के साथ।

यह क्यों मायने रखता है

समावेशी और लैंगिक-संवेदनशील कक्षा	पारंपरिक कक्षा
सभी बच्चे स्वतंत्र रूप से भाग लेते हैं	कुछ हावी होते हैं; अन्य चुप रहते हैं

बच्चे स्वीकार्य और सुरक्षित महसूस करते हैं	कुछ बच्चे न्याय या बहिष्कार महसूस करते हैं
सीखना आनंदमय और साझा किया जाता है	तनाव, मौन और डर बढ़ता है
बच्चों को वास्तविक दुनिया के लिए तैयार करता है	रूढ़िवादिता और विभाजन को बढ़ावा देता है

NEP टिप : पाठ्यक्रम को लिंग, समावेशन, सहानुभूति और संवैधानिक मूल्यों के लिए सम्मान को बढ़ावा देना चाहिए।

अपनी कक्षा को अधिक समावेशी और लैंगिक-संवेदनशील बनाने के 5 सरल तरीके

1. तटस्थ भाषा का उपयोग करें इन वाक्यांशों से बचें:
   o "लड़कों, दौड़ना बंद करो!"
   o "लड़कियां लिखने में बेहतर होती हैं।" इसके बजाय कहें:
   o "आइए सभी शांति से चलें।"
   o "आगे कौन साझा करना चाहेगा?" (लिंग से चुने बिना)
2. ज़िम्मेदारियों को घुमाएं कक्षा की भूमिकाएं जैसे लाइन लीडर, मॉनिटर, बोर्ड क्लीनर, या समूह कप्तान सभी लिंगों को दें, जिसमें शर्मीले छात्र और विकलांग बच्चे भी शामिल हों। **इसे आज़माएं :** एक साप्ताहिक भूमिका रोटेशन चार्ट बनाएं।
3. समावेशी शिक्षण सामग्री का उपयोग करें जांचें कि आपकी पाठ्यपुस्तकें और उदाहरण क्या दर्शाते हैं:
   o वैज्ञानिक, पायलट या नेताओं के रूप में लड़कियां
   o भावनाओं को व्यक्त करने या घर पर मदद करने वाले लड़के
   o लक्ष्यों को प्राप्त करने वाले विकलांग बच्चे ऐसी कहानियां, चित्र और वास्तविक जीवन के उदाहरण जोड़ें जो सभी प्रकार के बच्चों को दर्शाते हों।

4. भेदों का जश्न मनाएं इन दिनों और परियोजनाओं को चिह्नित करें:

- o विकलांग व्यक्तियों का अंतर्राष्ट्रीय दिवस
- o बालिका दिवस
- o स्थानीय भाषा के त्यौहार छात्रों को अपनी पहचान, घरों और नायकों के बारे में बात करने दें।

5. समर्थन करें, अलग न करें यदि किसी बच्चे को मदद की आवश्यकता है (उदाहरण के लिए, व्हीलचेयर का उपयोग करता है, डिस्लेक्सिया है, या भाषा सहायता की आवश्यकता है), तो उसे कक्षा के भीतर दें।

   उदाहरण:

   o बड़े प्रिंट वाले हैंडआउट्स का उपयोग करें

   o उन्हें एक दोस्त के साथ जोड़े

   o ध्यान आकर्षित किए बिना निर्देशों को दोहराएं या सरल करें

इसे आज़माएं: समावेशन और जागरूकता के लिए गतिविधियां

गतिविधि	उद्देश्य
"समान और भिन्न" खेल	छात्रों को सामान्य भावनाओं को नोटिस करने में मदद करता है, भले ही मतभेद हों
भूमिका उलट दिन	लड़कियों और लड़कों ने विशिष्ट भूमिकाओं को स्विच किया (जैसे, नाटक, खेल में)
"मेरा हीरो" प्रस्तुतियां	छात्रों को विविध रोल मॉडल साझा करने दें
बडी सिस्टम	प्रत्येक छात्र पढ़ने, आंदोलन या सामग्री को व्यवस्थित करने में एक सहकर्मी की मदद करता है
चित्र छंटाई	लोगों की विभिन्न भूमिकाओं में छवियां दिखाएं - रूढ़िवादिता और तथ्यों पर चर्चा करें

ये सहानुभूति, जागरूकता और जुड़ाव का निर्माण करते हैं।

जांच सूची : क्या मेरी कक्षा समावेशी और लैंगिक-संवेदनशील है?

✔ हाँ/नहीं	अभ्यास
	मैं लड़कों और लड़कियों को समान रूप से बोलने और नेतृत्व करने के लिए प्रोत्साहित करता हूँ
	मैं विभिन्न क्षमताओं और भूमिकाओं वाले लोगों की कहानियां/छवियां शामिल करता हूँ
	मैं किसी भी समूह को रूढ़िवादिता करने वाली भाषा से बचता हूँ
	मैं उन बच्चों का समर्थन करता हूँ जिन्हें उन्हें अलग किए बिना अतिरिक्त मदद की आवश्यकता होती है
	मैं मतभेदों (भाषा, पोशाक, संस्कृति) के साथ सम्मान और जिज्ञासा के साथ व्यवहार करता हूँ

यदि आपने 3 या अधिक का "हाँ" में उत्तर दिया है - तो आप एक समावेशी, NEP-अनुरूप कक्षा बना रहे हैं!

समावेशन और लैंगिक संवेदनशीलता के लिए क्या करें और क्या न करें

करें	न करें
नामों, सर्वनामों और वरीयताओं का सम्मान करें	लिंग या पृष्ठभूमि के बारे में मज़ाक न करें
समान समय और ध्यान दें	शांत या संघर्षरत बच्चों को अनदेखा करें
अपनी शिक्षा को विविध ज़रूरतों के अनुसार अनुकूलित करें	यह मान लें कि एक विधि सभी के लिए काम करती है

विविध अनुभवों को साझा करने के लिए प्रोत्साहित करें	सांस्कृतिक, धार्मिक या सामाजिक पहचान को खारिज करें
प्रतिस्पर्धा पर सहयोग को बढ़ावा दें	छात्रों को कठोरता से रैंक करें या शर्म पैदा करें

वास्तविक जीवन का उदाहरण कक्षा 5 की सामाजिक विज्ञान कक्षा में, शिक्षिका ने देखा कि केवल लड़के ही हाथ उठा रहे थे। उसने अपनी रणनीति बदल दी:

- बारी-बारी से लेने के लिए एक "बात करने वाली छड़ी" बनाई
- छोटे चर्चा घेरे बनाए
- बच्चों से पहले उत्तर लिखने के लिए कहा, फिर ज़ोर से साझा करने के लिए कहा परिणाम:
- लड़कियों और शांत बच्चों ने अधिक भाग लिया
- छात्रों ने अधिक सम्मानपूर्वक सुना
- सीखना निष्पक्ष और शांत महसूस हुआ

चिंतनशील जर्नल संकेत

- क्या मेरी कक्षा में सभी बच्चे - समान रूप से और सार्थक रूप से - भाग ले रहे हैं?
- कौन सी भाषा या व्यवहार कुछ को बहिष्कृत महसूस करा सकता है?
- निष्पक्षता और जुड़ाव को बढ़ावा देने के लिए इस सप्ताह मैं एक बदलाव क्या कर सकता हूँ?

अध्याय सारांश

- NEP 2020 समावेशी, सम्मानजनक, लैंगिक-संवेदनशील कक्षाओं का आह्वान करता है

- समावेशन अलगाव के बारे में नहीं है - यह समूह के भीतर समर्थन के बारे में है
- शिक्षकों को ऐसी भाषा, सामग्री और रणनीतियों का उपयोग करना चाहिए जो विविधता को दर्शाती हों
- छोटे कदम - जैसे भूमिकाओं को घुमाना या वाक्यांशों को बदलना - बड़ा प्रभाव डालते हैं
- हर बच्चे को सुरक्षित, मूल्यवान और देखे जाने का अधिकार है

अध्याय 13

पाठों को आनंदमय और बाल-केंद्रित बनाना

अध्याय का उद्देश्य शिक्षकों को ऐसे पाठों की योजना बनाने और उन्हें वितरित करने में मदद करना जो आनंदमय, इंटरैक्टिव और बच्चों की आवश्यकताओं, रुचियों और अनुभवों पर केंद्रित हों, जैसा कि NEP 2020 में ज़ोर दिया गया है।

आइए शुरू करें : क्या बच्चे सीखने के लिए खुश हैं? अपनी कक्षा के बारे में सोचें। क्या आपके छात्र जिज्ञासा के साथ आते हैं या डर के साथ? क्या आपके पाठ हँसी, आश्चर्य और खोज से भरे हैं? NEP 2020 हमें याद दिलाता है कि शिक्षा आनंदमय, आकर्षक और बाल-केंद्रित होनी चाहिए। बच्चे तब सबसे अच्छा सीखते हैं जब वे भावनात्मक रूप से जुड़े होते हैं, न कि केवल बौद्धिक रूप से उत्तेजित होते हैं। एक आनंदमय कक्षा शोरगुल वाली अराजकता नहीं है - यह एक ऐसी जगह है जहाँ छात्र स्वतंत्र, केंद्रित और शामिल महसूस करते हैं।

"बाल-केंद्रित" का वास्तव में क्या मतलब है? इसका अर्थ है:

- बच्चे के दृष्टिकोण से पढ़ाना
- जो कुछ बच्चा पहले से जानता या महसूस करता है, उस पर आधारित होना
- पसंद, रचनात्मकता और आवाज़ की अनुमति देना
- पाठों को वास्तविक जीवन से जोड़ना, न कि केवल पाठ्यपुस्तक से यह अधिक मनोरंजन के बारे में नहीं है। यह अधिक अर्थ के बारे में है।

एक पाठ को आनंदमय क्या बनाता है?

तत्व	**यह क्यों काम करता है**
कहानियाँ	कल्पना और स्मृति को सक्रिय करती हैं
खेल	सीखने को मज़ेदार, सक्रिय और सामाजिक बनाते हैं
दृश्य	शब्दों से परे समझ का समर्थन करते हैं
संगीत, लय	एकाग्रता और प्रतिधारण में सुधार करते हैं
वास्तविक-विश्व के कार्य	बच्चों को सीखने के पीछे का "क्यों" देखने में मदद करते हैं

यहां तक कि डिलीवरी में छोटे बदलाव भी जुड़ाव में बड़े बदलाव ला सकते हैं।

किसी भी पाठ में आनंद और अर्थ जोड़ने के 5 तरीके

1. एक हुक के साथ शुरू करें कुछ आश्चर्यजनक के साथ शुरू करें:
   o एक प्रश्न: "अगर सूरज एक दिन के लिए गायब हो जाए तो क्या होगा?"
   o एक प्रॉप: एक पत्ता, एक अख़बार, या एक साधारण उपकरण

दिखाएं

o एक त्वरित चुनौती: "10 सेकंड में 5 चीज़ें बताएं जो तैरती हैं।" पहले 3 मिनट आपकी कक्षा का मिजाज़ तय करते हैं!

2. कहानियों और वास्तविक जीवन के लिंक का उपयोग करें हर अवधारणा को एक कहानी के माध्यम से बताया जा सकता है - व्यक्तिगत, ऐतिहासिक, या काल्पनिक। गुरुत्वाकर्षण पढ़ा रहे हैं? न्यूटन और सेब की कहानी बताएं। दशमलव पढ़ा रहे हैं? मिठाइयाँ ख़रीदने की कहानी का उपयोग करें।

3. इंद्रियों को शामिल करें बच्चे तब बेहतर सीखते हैं जब वे देखते, छूते, सुनते और चलते हैं। **उपयोग करें:**

o संवाद या इतिहास के लिए रोल प्ले

o विज्ञान के लिए पत्ती संग्रह

o बोतल के ढक्कन, डंडियों, या चाक से गणित

o छोटे शिक्षार्थियों के लिए एक्शन गाने

4. पसंद और आवाज़ दें विकल्प दें:

o "क्या आप इसे बनाना चाहते हैं या इसके बारे में लिखना चाहते हैं?"

o "अपना साथी या समूह का नाम चुनें।"

o "इस विषय के बारे में आपका क्या प्रश्न है?" बच्चों को स्वामित्व पसंद है। यह आत्मविश्वास और रुचि पैदा करता है।

5. केवल परिणामों को नहीं, बल्कि प्रयासों को भी मनाएं प्रशंसा, स्टिकर, "दिन का सितारा," और सकारात्मक नोट्स का उपयोग करें:

o कुछ नया करने की कोशिश करने के लिए

o एक दोस्त की मदद करने के लिए

o एक बहादुर सवाल पूछने के लिए आनंद तब बढ़ता है जब बच्चे सुरक्षित, समर्थित और देखे जाने का एहसास करते हैं।

इसे आज़माएं :
एक आनंदमय पाठचर्या (35-40 मिनट)

समय	क्या करें	उद्देश्य
5 मिनट	वार्म-अप (पहेली, गीत, आंदोलन)	जिज्ञासा सक्रिय करें
10 मिनट	मुख्य अवधारणा (कहानी, दृश्य, वस्तु)	अर्थ के माध्यम से सिखाएं
10 मिनट	गतिविधि (समूह कार्य, ड्राइंग, मिलान)	करके सीखें
5 मिनट	साझाकरण और प्रतिबिंब	छात्र आवाज़ और सीखना
5 मिनट	प्रशंसा या एक मज़ेदार प्रश्न के साथ समापन	खुशी और स्मृति का निर्माण

विषय के अनुसार विचार

विषय	आनंदमय रणनीति
अंग्रेजी़	कठपुतली कहानी सुनाना, कविता पाठ मंडल
गणित	संख्या रेखा के खेल, वास्तविक वस्तु समूह
विज्ञान	हाथों से प्रयोग, प्रकृति की सैर
सामाजिक विज्ञान	चित्रों के साथ समयरेखा, सामुदायिक साक्षात्कार
भाषाएँ	जीभ ट्विस्टर, शब्दावली बिंगो
कला	रेखाचित्र और रंग के साथ विषयों को मिलाएं

चेकलिस्ट: क्या मैं अपनी कक्षा को आनंदमय बना रहा हूँ?

✔ हाँ/नहीं	अभ्यास
	मैं हर पाठ में कम से कम एक इंटरैक्टिव कार्य शामिल करता हूँ
	मैं बच्चों को बोलने, चुनने और प्रतिबिंबित करने की अनुमति देता हूँ
	मैं वास्तविक जीवन के संबंध या प्रॉप्स का उपयोग करता हूँ
	मैं केवल सही उत्तरों को नहीं, बल्कि प्रयासों और विचारों की प्रशंसा करता हूँ
	मैं मुस्कुराता हूँ, घूमता हूँ, और अपने छात्रों के साथ कक्षा का आनंद लेता हूँ

यदि आपने 3 या अधिक पर टिक किया है, तो आप सीखने की खुशी फैला रहे हैं!

बाल-केंद्रित कक्षा के लिए करें और न करें

करें	न करें
पाठों को बच्चों को पहले से ज्ञात से जोड़ें	केवल पाठ्यपुस्तक से पढ़ाएं
ग़लतियों को सीखने के कदमों के रूप में प्रोत्साहित करें	गलत उत्तरों के लिए कठोरता से डांटें
सभी सीखने की शैलियों को शामिल करें (दृश्य, श्रवण, गतिज)	केवल व्याख्यान या ब्लैकबोर्ड नोट्स का उपयोग करें

छात्रों को बात करने और हिलने-डुलने की अनुमति दें (उद्देश्य के साथ)	हर समय चुप्पी की मांग करें
पूछें, सुनें, और अनुकूलन करें	बिना रुचि की जाँच किए सामग्री वितरित करें

वास्तविक जीवन का उदाहरण कक्षा 2 की एक शिक्षिका ने स्वच्छता पर एक पाठ को "टूथब्रश योद्धा" के बारे में एक कहानी में बदल दिया, जिसने चीनी के कीड़ों को हराया। बच्चे:

- अपने स्वयं के सुपरहीरो उपकरण बनाए
- ब्रश करने वाले गाने साझा किए
- घर पर कहानी सिखाई परिणाम: आनंदमय स्मरण + वास्तविक जीवन की आदत-निर्माण!

चिंतनशील जर्नल संकेत

- मेरे पिछले पाठ के किस हिस्से ने छात्रों को सबसे ज़्यादा मुस्कुराया या जोड़ा?
- क्या मैंने बच्चों को व्यक्त करने या बनाने की अनुमति दी?
- कल की कक्षा में मैं कौन सा एक आनंदमय बदलाव कोशिश करूँगा?

अध्याय सारांश

- NEP 2020 आनंदमय, खोज-आधारित और बाल-केंद्रित सीखने को बढ़ावा देता है
- जिज्ञासा के साथ शुरू करें, गतिविधि के माध्यम से निर्माण करें, और प्रतिबिंब के साथ समाप्त करें
- कहानियों, खेलों, आंदोलन और छात्र आवाज़ का उपयोग करें

- प्रयास की प्रशंसा करें और एक ऐसा स्थान बनाएं जहाँ बच्चे सीखने के लिए उत्साहित महसूस करें
- जब बच्चे सीखने का आनंद लेते हैं, तो वे बेहतर सीखते हैं - और लंबे समय तक याद रखते हैं

अध्याय 14

माता-पिता और समुदाय के साथ काम करना

अध्याय का उद्देश्य शिक्षकों को NEP 2020 के स्कूल-परिवार-समुदाय पारिस्थितिकी तंत्र के दृष्टिकोण के अनुरूप, बच्चे की सीखने की यात्रा में माता-पिता और स्थानीय समुदाय के साथ समान भागीदार के रूप में मज़बूत, सहयोगात्मक संबंध बनाने में मदद करना।

आइए शुरू करें: स्कूल एक द्वीप नहीं है बच्चे केवल स्कूल में ही नहीं सीखते। वे घर पर, पार्कों में, त्यौहारों के माध्यम से, बड़ों से, और अपने आसपास की दुनिया का अवलोकन करके सीखते हैं। NEP 2020 मानता है कि माता-पिता और समुदाय के सदस्य शिक्षा में प्रमुख भागीदार हैं। जब शिक्षक, परिवार और समुदाय एक साथ काम करते हैं, तो छात्रों को समर्थित, जुड़ा हुआ और अधिक प्रेरित महसूस होता है। लक्ष्य एक अवधि

समाप्त होने के बाद माता-पिता को सूचित करना नहीं है - यह उन्हें शुरू से ही शामिल करना है।

माता-पिता बच्चे के सीखने में क्यों मायने रखते हैं

शामिल माता-पिता	**विच्छेदित माता-पिता**
घर पर सीखने की निगरानी करें	पूरी तरह से स्कूल पर निर्भर रहें
बच्चे की ज़रूरतों को समझें	बाहर और असहाय महसूस करें
समस्या-समाधान में भागीदार	स्कूल को दोष दें या चुप रहें
उपस्थिति और अनुशासन का समर्थन करें	शुरुआती चेतावनी संकेतों को छोड़ दें

जब घर और स्कूल एक साथ काम करते हैं तो छात्र बेहतर प्रदर्शन करते हैं - अकादमिक, भावनात्मक और सामाजिक रूप से।

समुदाय क्यों मायने रखता है आपका स्कूल एक जीवंत समुदाय का हिस्सा है जो भरा हुआ है:

- स्थानीय ज्ञान (किसान, दुकानदार, कारीगर)
- संस्कृति और परंपरा (त्यौहार, संगीत, वेशभूषा)
- संसाधन (पार्क, संग्रहालय, नेता, पुस्तकालय)

  NEP 2020 स्कूलों को बाहरी दुनिया को अंदर लाने - और छात्रों को दुनिया में ले जाने के लिए प्रोत्साहित करता है।

माता-पिता के साथ साझेदारी करने के 5 व्यावहारिक तरीके

1. सकारात्मक शुरुआत करें, सुसंगत रहें माता-पिता से संपर्क करने के लिए किसी समस्या का इंतज़ार न करें। शुरुआती सकारात्मक

प्रतिक्रिया साझा करें। **टिप:** "प्रिया ने आज एक दोस्त की मदद की" जैसा एक छोटा संदेश स्थायी सद्भावना का निर्माण कर सकता है।

2. मैत्रीपूर्ण, संरचित PTMs (अभिभावक-शिक्षक बैठकें) की मेज़बानी करें "रिपोर्ट कार्ड व्याख्यान" को बातचीत से बदलें। सुझाया गया PTM प्रारूप:
   o 5 मिनट: हार्दिक स्वागत और अवलोकन
   o 10 मिनट: बच्चे की ताकत (शैक्षणिक + व्यक्तिगत)
   o 5 मिनट: विकास का क्षेत्र + स्कूल/घर कैसे समर्थन कर सकते हैं
   o 5 मिनट: माता-पिता के प्रश्न और सुझाव सरल चार्ट, काम के नमूने, या यहां तक कि छात्र स्व-मूल्यांकन का उपयोग करें।
3. दो-तरफा संचार चैनल बनाएं व्हाट्सएप समूह (स्पष्ट नियमों के साथ), डायरी, फोन कॉल, या छोटे वीडियो संदेशों का उपयोग करें। माता-पिता को भी अपडेट साझा करने के लिए जगह दें - उदा. "अमित ने इस सप्ताह एक कहानी की किताब पढ़ना शुरू किया!"
4. माता-पिता को सीखने में शामिल करें माता-पिता को आमंत्रित करें:
   o कहानियां या लोक गीत सुनाने के लिए
   o स्थानीय शिल्प या कृषि उपकरणों का प्रदर्शन करने के लिए
   o प्रतियोगिताओं का न्याय करने या दर्शकों के सदस्य बनने के लिए
   o अपने करियर की यात्रा साझा करने के लिए (ड्राइवर, नर्स, कलाकार - सभी मायने रखते हैं!) यह बच्चों को दिखाता है कि सीखना हर जगह होता है, और माता-पिता को शामिल महसूस होता है।
5. उनके संदर्भ का सम्मान करें सभी माता-पिता पढ़ या बैठकों में भाग नहीं ले सकते। कुछ लंबे समय तक काम कर सकते हैं। समावेशी बनें। **टिप्स:**
   o लिखित के बजाय ऑडियो अपडेट दें
   o सामुदायिक स्थानों या सप्ताहांत में मिलें
   o केवल पाठ के बजाय दृश्य भेजें

आप जो सामुदायिक संबंध बना सकते हैं

गतिविधि	सामुदायिक लिंक
प्रकृति की सैर	स्थानीय उद्यान या खेत
विरासत दिवस	ग्राम बुजुर्ग, कारीगर
स्वास्थ्य वार्ता	स्थानीय नर्स या डॉक्टर
स्वच्छता अभियान	पंचायत सदस्य या नगर निगम के कर्मचारी
वृक्षारोपण	वन अधिकारी या सामुदायिक स्वयंसेवक

NEP टिप :
सीखने को स्थानीय संस्कृति, पर्यावरण और अर्थव्यवस्था से जुड़ना चाहिए।

इसे आज़माएं : माता-पिता प्रतिक्रिया फॉर्म टेम्पलेट (सरल)

बच्चे का नाम: कक्षा और अनुभाग: तिथि:

1. इस अवधि में आपने अपने बच्चे में क्या प्रगति देखी है? [उत्तर के लिए खुला स्थान]
2. एक बात क्या है जो आप शिक्षक को अपने बच्चे के बारे में बताना चाहेंगे? [उत्तर के लिए खुला स्थान]
3. हम आपका बेहतर समर्थन कैसे कर सकते हैं?

[बॉक्स टिक करें]

❒ अधिक संचार

❒ घर पर सीखने के टिप्स

❒ लचीले मिलने का समय

❒ अन्य:

__________ हस्ताक्षर:

चेकलिस्ट: क्या मैं माता-पिता के साथ साझेदारी कर रहा हूँ?

✔ हाँ/नहीं	अभ्यास
	मैं केवल शिकायतों के लिए नहीं - सकारात्मक अपडेट के लिए माता-पिता से संपर्क करता हूँ
	मैं माता-पिता की चिंताओं को सहानुभूति के साथ सुनता हूँ
	मैं PTMs को छोटा, मैत्रीपूर्ण और उपयोगी बनाने की योजना बनाता हूँ
	मैं माता-पिता को कक्षा या स्कूल की घटनाओं में भाग लेने के लिए आमंत्रित करता हूँ
	मैं विभिन्न माता-पिता की ज़रूरतों के अनुरूप अपने संचार को अनुकूलित करता हूँ

यदि आपने 3 या अधिक पर टिक किया है, तो आप एक मज़बूत स्कूल-घर का पुल बना रहे हैं!

माता-पिता और समुदाय की साझेदारी के लिए करें और न करें

करें	न करें
माता-पिता को भागीदार मानें, समस्या नहीं	बात न करें या दोष न दें
स्थानीय ज्ञान और संस्कृति की सराहना करें	गैर-शैक्षणिक कौशल को अनदेखा या नीचा न दिखाएं

सम्मानजनक लहजे और लचीले तरीकों का उपयोग करें	हर माता-पिता के धाराप्रवाह पढ़ने/लिखने की अपेक्षा न करें
साझाकरण, प्रश्न और विचारों को प्रोत्साहित करें	संचार को एकतरफा बनाएं

पाठों को वास्तविक जीवन और स्थानीय जीवन से जोड़ें केवल पाठ्यपुस्तक के उदाहरणों से पढ़ाएं

वास्तविक जीवन का उदाहरण महाराष्ट्र के ग्रामीण इलाके में कक्षा 4 की एक शिक्षिका ने एक छात्र की दादी को आमंत्रित किया - जो बाजरे के व्यंजनों में एक विशेषज्ञ थीं - स्वस्थ खाना पकाने का प्रदर्शन करने के लिए। बच्चे :

- स्थानीय अनाजों के बारे में सीखा
- अपनी मातृभाषा में प्रश्न पूछे
- विज्ञान को दैनिक जीवन से जोड़ा माता-पिता ने अपने ज्ञान को मूल्यवान देखा। बच्चों ने स्कूल को प्रासंगिक देखा।

चिंतनशील जर्नल संकेत

- पिछली बार मैंने कब किसी माता-पिता से अच्छी ख़बर के साथ संपर्क किया था?
- इस अवधि में मैंने व्यक्तिगत रूप से कितने माता-पिता से बात की है?
- अगले महीने एक पाठ में समुदाय को शामिल करने का मैं कौन सा नया तरीका अपना सकता हूँ?

अध्याय सारांश

- NEP 2020 समग्र सीखने के लिए स्कूल-परिवार-समुदाय साझेदारी को प्रोत्साहित करता है
- माता-पिता के साथ जल्दी, अक्सर और सम्मानपूर्वक संवाद करें
- माता-पिता को सीखने की प्रक्रिया में शामिल करें - न कि केवल परीक्षाओं में
- अपने पाठों को समृद्ध करने के लिए स्थानीय सामुदायिक ज्ञान का उपयोग करें
- जब घर और स्कूल एक साथ काम करते हैं, तो बच्चे पनपते हैं

अध्याय 15

चिंतनशील शिक्षक

आपकी आत्म-सुधार पत्रिका

अध्याय का उद्देश्य शिक्षकों को NEP 2020 के व्यावसायिक विकास और आंतरिक परिवर्तन पर ज़ोर देने के अनुरूप, नियमित रूप से अपनी शिक्षण पद्धतियों पर चिंतन करने, ताकत और विकास क्षेत्रों की पहचान करने और आजीवन शिक्षार्थी के रूप में लगातार ख़ुद को बेहतर बनाने के लिए प्रोत्साहित करना।

आइए शुरू करें : सीखना शिक्षक के साथ समाप्त नहीं होता है हर कक्षा में, शिक्षक पढ़ाता है - और शिक्षक सीखता है। NEP 2020 हर शिक्षक को एक चिंतनशील व्यवसायी के रूप में देखता है: कोई ऐसा व्यक्ति जो सिर्फ पाठ नहीं देता बल्कि नियमित रूप से रुकता है, सोचता है और अपने तरीकों, मानसिकता और परिणामों में सुधार करता है। चिंतन एक

विलासिता नहीं है। यह व्यावसायिक विकास और छात्र सफलता का ईंधन है।

चिंतनशील शिक्षण क्या है? चिंतनशील शिक्षण स्वयं से पूछने की आदत है:

- आज मेरी कक्षा में क्या अच्छा रहा?
- क्या काम नहीं किया - और क्यों?
- कल मैं क्या अलग कर सकता हूँ? यह आपको मदद करता है:
- अपने छात्रों को बेहतर ढंग से समझें
- अपनी रणनीतियों को समायोजित करें
- तनाव कम करें
- परिणामों में सुधार करें इसे एक दर्पण के रूप में सोचें - न्याय के लिए नहीं, बल्कि स्पष्टता के लिए।

चिंतनशील अभ्यास क्यों मायने रखता है

बिना चिंतन के	चिंतन के साथ
वही गलतियाँ दोहराना	अनुभव से सीखना
अटका हुआ या थका हुआ महसूस करना	जागरूक और उद्देश्यपूर्ण महसूस करना
छात्रों या परिस्थितियों को दोष देना	स्वामित्व लेना और बदलाव करना
पूरा करने के लिए पढ़ाना	प्रभाव के लिए पढ़ाना

एक चिंतनशील शिक्षक बनने के 5 व्यावहारिक तरीके

1. **हर कक्षा के बाद "3-1" विधि का उपयोग करें** स्वयं से पूछें:
   o 3 चीज़ें क्या थीं जो अच्छी रहीं?
   o 1 चीज़ क्या है जिसे मैं सुधारना चाहता हूँ? उदाहरण: छात्रों ने समूह गतिविधि का आनंद लिया मैंने समय का अच्छा प्रबंधन किया मैंने वास्तविक जीवन के उदाहरणों का उपयोग किया अगली बार अधिक खुले-अंत वाले प्रश्न पूछने की आवश्यकता है इसे दिन के अंत में एक नोटबुक या फोन में लिखें।

2. **एक साप्ताहिक चिंतन जर्नल बनाए रखें** हर सप्ताहांत में 15 मिनट आरक्षित करें लिखने के लिए:
   o इस सप्ताह आपकी पसंदीदा कक्षा - और क्यों
   o एक छात्र जिसने आपको चुनौती दी - और आपने क्या सीखा
   o एक शिक्षण तकनीक जिसे आप आज़माना चाहते हैं समय के साथ, यह आपकी प्रगति का एक नक्शा बनाता है।

3. **व्यक्तिगत शिक्षण लक्ष्य निर्धारित करें** आपके लक्ष्य हो सकते हैं:
   o "मैं अपने ब्लैकबोर्ड के उपयोग को कम करना चाहता हूँ और अधिक दृश्य एड्स शामिल करना चाहता हूँ।"
   o "मैं हर दिन कम से कम 2 सकारात्मक व्यवहारों को उजागर करूँगा।" लक्ष्यों को छोटा, विशिष्ट और ट्रैक करने योग्य रखें।

4. **प्रतिक्रिया मांगें** अपने छात्रों से पूछें:
   o "आपको इस विषय में क्या पसंद आया?"
   o "आपको सबसे ज़्यादा क्या भ्रमित किया?"
   o "आप अगली बार इसे कैसे सीखना चाहेंगे?" साथियों से अपनी कक्षा का अवलोकन करने और विचार साझा करने के लिए कहें। जब हम एक-दूसरे से सीखते हैं तो सीखना तेज़ी से होता है।

5. **विकास का जश्न मनाएं** केवल यह न सोचें कि क्या ग़लत हुआ - बल्कि यह भी सोचें कि आपने कितनी प्रगति की है। हर 3 महीने में पीछे मुड़कर देखें और पूछें:
   o कौन सी रणनीतियाँ अब आसान लगती हैं, लेकिन पहले नहीं थीं?
   o मेरे किसी काम के कारण किन छात्रों में सुधार हुआ? विकास धीमा हो सकता है, लेकिन अगर हम इसे नोटिस करते हैं तो यह हमेशा होता रहता है।

नमूना जर्नल प्रविष्टि प्रारूप

तिथि: कक्षा/विषय: आज क्या अच्छा रहा? 1. 2. 3. मैं क्या सुधार सकता हूँ? 1. मैं अगली बार क्या कोशिश करूँगा? कक्षा का मूड: शिक्षक का मूड:

शिक्षकों के लिए चिंतन संकेत इनका साप्ताहिक या मासिक उपयोग करें:

संकेत	उद्देश्य
"इस सप्ताह मुझे किस क्षण पर गर्व महसूस हुआ?"	सफलता का जश्न मनाना
"मेरी ऊर्जा सबसे ज़्यादा किसने ख़त्म की?"	बर्नआउट ट्रिगर्स की पहचान करना
"किस छात्र ने मुझे आश्चर्यचकित किया - और कैसे?"	संबंधों को गहरा करना
"मैंने कौन सी नई तकनीक आजमाई?"	नवाचार को ट्रैक करना
"मुझे अपने साथियों या नेता से क्या मदद चाहिए?"	समर्थन मांगना

चेकलिस्ट: क्या मैं एक चिंतनशील शिक्षक हूँ?

✔ हाँ/नहीं	अभ्यास
	मैं अपने शिक्षण के बारे में सोचने के लिए साप्ताहिक समय निकालता हूँ
	मैं अपने विचारों को लिखता या रिकॉर्ड करता हूँ
	मैं जो सीखता हूँ उसके आधार पर नए विचारों को आजमाता हूँ
	मैं छात्रों या साथियों से प्रतिक्रिया मांगता हूँ
	मैं छोटे जीत और प्रयास का जश्न मनाता हूँ, केवल परिणामों का नहीं

यदि आपने 3 या अधिक पर टिक किया है - तो आप NEP-अनुरूप, आत्म-जागरूक शिक्षक बनने की अपनी यात्रा पर हैं।

चिंतनशील शिक्षण के करें और न करें

करें	न करें
नियमित रूप से चिंतन करें	वर्ष के अंत की समीक्षाओं का इंतज़ार करें
ईमानदार रहें, लेकिन ख़ुद के प्रति दयालु रहें	ख़ुद को कठोरता से दोष न दें
इसे लिख लें या आवाज़ नोट्स रिकॉर्ड करें	सब कुछ अपने दिमाग में रखें
अपनी अंतर्दृष्टि पर कार्य करें	चिंतन करें लेकिन कभी न बदलें

यात्रा का आनंद लें	रातोंरात परिवर्तन की उम्मीद न करें

वास्तविक जीवन का उदाहरण दिल्ली में एक मिडिल स्कूल शिक्षिका ने सप्ताह में दो बार जर्नल करना शुरू किया। अपनी प्रविष्टियों में, उसने देखा:

- मंगलवार को उसे हमेशा जल्दबाजी महसूस होती थी
- समूह कार्य तब बेहतर होता था जब वह विशिष्ट भूमिकाएँ सौंपती थी
- वह अक्सर शुक्रवार तक पढ़ाने का आनंद लेने के लिए बहुत थक जाती थी उसने दो छोटे बदलाव किए:
- मंगलवार को दृश्य पाठ प्रारंभकर्ता पेश किए
- शुक्रवार को संगीत या कहानी कहने के लिए 10 मिनट निकाले उसकी जुड़ाव - और छात्रों का - नाटकीय रूप से बेहतर हुआ।

चिंतनशील जर्नल संकेत

- मैं अब से 6 महीने बाद किस तरह का शिक्षक बनना चाहता हूँ?
- एक क्षेत्र क्या है जिसमें मैं बढ़ना चाहता हूँ - और क्यों?
- इस सप्ताह मैं कौन सा अगला छोटा कदम उठा सकता हूँ?

अध्याय सारांश

- NEP 2020 शिक्षकों को आजीवन शिक्षार्थी और चिंतनशील व्यवसायी के रूप में प्रोत्साहित करता है
- चिंतन शिक्षण की गुणवत्ता, आत्मविश्वास और छात्रों के साथ जुड़ाव में सुधार करने में मदद करता है
- 3-1 तकनीक, साप्ताहिक जर्नल और प्रतिक्रिया लूप जैसे सरल तरीके सबसे अच्छा काम करते हैं

- विकास व्यक्तिगत, चल रहा और गहरा फायदेमंद है
- एक चिंतनशील शिक्षक एक लचीला, उत्तरदायी और सम्मानित शिक्षक होता है

NEP 2020 के प्रमुख शब्दों की शब्दावली

A **सक्रिय सीखना (Active Learning)** एक विधि जहाँ छात्र निष्क्रिय रूप से सुनने के बजाय चर्चा, समस्या-समाधान, या भूमिका निभाना जैसी गतिविधियों में सीधे शामिल होते हैं। सीखने के लिए मूल्यांकन (Assessment for Learning) एक प्रकार का चल रहा, रचनात्मक मूल्यांकन जिसका उपयोग भविष्य के शिक्षण को निर्देशित करने और सीखने में सुधार करने के लिए किया जाता है - न कि केवल उसका न्याय करने के लिए।

B **मिश्रित शिक्षा (Blended Learning)** एक शिक्षण दृष्टिकोण जो पारंपरिक आमने-सामने की कक्षा विधियों को डिजिटल या ऑनलाइन उपकरणों और सामग्री के साथ जोड़ता है। पुल भाषा (Bridge Language) एक शिक्षक द्वारा बच्चे की घर की भाषा को शिक्षा के माध्यम (अक्सर अंग्रेज़ी या हिंदी) से जोड़ने के लिए उपयोग की जाने वाली परिचित भाषा।

C **बाल-केंद्रित सीखना (Child-Centric Learning)** एक कक्षा दृष्टिकोण जो बच्चे की रुचियों, आवश्यकताओं और गति पर केंद्रित होता है बजाय केवल पाठ्यक्रम या शिक्षक की योजना पर। योग्यता-आधारित शिक्षा (Competency-Based Education) शिक्षा जो विशिष्ट सीखने के परिणामों (कौशल या अवधारणाओं) में महारत हासिल करने पर केंद्रित होती है, बजाय निश्चित घंटों या अध्यायों को पूरा करने के। सतत व्यावसायिक विकास (Continuous Professional Development (CPD)) शिक्षकों के लिए अपने शिक्षण पद्धतियों और ज्ञान को अद्यतन और उन्नत करने के लिए चल रहे प्रशिक्षण और आत्म-सुधार के अवसर।

D **दीक्षा (DIKSHA)** ज्ञान साझा करने के लिए डिजिटल इंफ्रास्ट्रक्चर - शिक्षकों और छात्रों के लिए एक राष्ट्रीय ऑनलाइन मंच जो मुफ्त सीखने की सामग्री और पाठ्यक्रम प्रदान करता है। खोज-आधारित सीखना (Discovery-Based Learning) एक ऐसा दृष्टिकोण जहाँ छात्र स्वयं खोज, जांच और उत्तर खोजने के माध्यम से सीखते हैं, अक्सर वास्तविक जीवन के कार्यों या प्रयोगों के माध्यम से।

E **अनुभवात्मक सीखना (Experiential Learning)** हाथों से अनुभवों के माध्यम से सीखना - करना, चिंतन करना और वास्तविक जीवन की स्थितियों में ज्ञान लागू करना। प्रारंभिक बचपन की देखभाल और शिक्षा (Early Childhood Care and Education (ECCE)) 0 से 8 वर्ष की आयु के बच्चों के लिए शिक्षा और देखभाल, शारीरिक, सामाजिक, भावनात्मक और संज्ञानात्मक विकास पर ध्यान केंद्रित करना।

F **बुनियादी साक्षरता और संख्यात्मकता (Foundational Literacy and Numeracy (FLN))** समझ के साथ पढ़ने और बुनियादी गणित करने की मूल क्षमता। सभी भविष्य के सीखने की नींव; NEP 2020 की एक शीर्ष प्राथमिकता। रचनात्मक मूल्यांकन (Formative Assessment) सीखने की प्रक्रिया के दौरान किया गया मूल्यांकन जो प्रतिक्रिया देने के लिए किया जाता है, न कि केवल ग्रेड देने के लिए। यह शिक्षण और छात्र समझ में सुधार करने में मदद करता है।

H **समग्र प्रगति कार्ड (Holistic Progress Card (HPC))** एक रिपोर्ट कार्ड जो समग्र विकास को दर्शाता है - अकादमिक प्रदर्शन, सह-पाठ्यचर्या कौशल, सामाजिक-भावनात्मक विकास, और मूल्य।

I समावेशी शिक्षा (Inclusive Education) एक ऐसी शिक्षा जो बाधाओं को दूर करके और सहायता प्रदान करके सभी शिक्षार्थियों को शामिल करती है - क्षमता, भाषा, या पृष्ठभूमि की परवाह किए बिना। जांच-आधारित सीखना (Inquiry-Based Learning) एक दृष्टिकोण जो एक प्रश्न से शुरू होता है, उत्तर से नहीं। जिज्ञासा, आलोचनात्मक सोच और समस्या-समाधान को प्रोत्साहित करता है।

J आनंदमय सीखना (Joyful Learning) वह सीखना जो बच्चों को गाने, खेल, कहानियों और खोज के माध्यम से खुश, व्यस्त और रुचि रखता है।

L सीखने के परिणाम (Learning Outcomes) स्पष्ट रूप से परिभाषित कौशल, ज्ञान, या दृष्टिकोण जो एक छात्र को एक पाठ या इकाई के बाद प्राप्त करना चाहिए। ये शिक्षण और मूल्यांकन का मार्गदर्शन करते हैं। आजीवन सीखना (Lifelong Learning) यह विचार कि सीखना स्कूल या कॉलेज के बाद नहीं रुकता - यह पूरे जीवन और सभी उम्र में जारी रहता है।

M बहुभाषी शिक्षा (Multilingual Education) एक प्रणाली जो छात्रों को अपनी मातृभाषा में सीखने की अनुमति देती है जबकि धीरे-धीरे अंग्रेज़ी या हिंदी जैसी अन्य भाषाओं को प्राप्त करती है। मातृभाषा/घर की भाषा (Mother Tongue/Home Language) वह भाषा जो बच्चा घर पर सबसे ज़्यादा बोलता है। NEP शुरुआती कक्षाओं में इसे शिक्षा के माध्यम के रूप में उपयोग करने का सुझाव देता है।

N NEP 2020 राष्ट्रीय शिक्षा नीति 2020 - भारत की शिक्षा सुधार नीति जिसका उद्देश्य सीखने को समग्र, लचीला, समावेशी और कौशल-उन्मुख बनाना है। निष्ठा (NISHTHA) स्कूल प्रमुखों और

शिक्षकों की समग्र उन्नति के लिए राष्ट्रीय पहल - NEP के तहत भारत का सबसे बड़ा शिक्षक प्रशिक्षण कार्यक्रम।

P पोर्टफोलियो मूल्यांकन (Portfolio Assessment) एक छात्र के काम का एक संग्रह जो समय के साथ प्रगति और रचनात्मकता को दर्शाता है - एक मूल्यांकन पद्धति के रूप में उपयोग किया जाता है। खेल-आधारित सीखना (Play-Based Learning) संरचित और असंरचित खेल के माध्यम से सीखना - विशेष रूप से मूलभूत और प्रारंभिक चरणों में प्रभावी।

R चिंतनशील अभ्यास (Reflective Practice) आत्म-समीक्षा या जर्नल के माध्यम से अपनी शिक्षण पद्धति के बारे में नियमित रूप से सोचने और सुधार करने की आदत। उपचारात्मक सीखना (Remedial Learning) पीछे रह रहे छात्रों को प्रदान की जाने वाली अतिरिक्त सीखने की सहायता ताकि उन्हें सीखने के लक्ष्यों को पूरा करने में मदद मिल सके।

S मचान (Scaffolding) छात्रों को स्वतंत्र रूप से सीखने के कार्यों को प्राप्त करने में मदद करने के लिए शिक्षक द्वारा प्रदान किया गया अस्थायी समर्थन (जैसे संकेत, संकेत, या उदाहरण)। छात्र एजेंसी (Student Agency) छात्रों को उनके सीखने में विकल्प बनाने के लिए सशक्त बनाना - वे क्या सीखते हैं, वे कैसे सीखते हैं, और वे इसे कैसे व्यक्त करते हैं।

T खिलौना-आधारित शिक्षाशास्त्र (Toy-Based Pedagogy) विशेष रूप से शुरुआती वर्षों में इंटरैक्टिव और सार्थक सीखने को बढ़ावा देने के लिए खिलौनों, खेलों और पारंपरिक खेल वस्तुओं का उपयोग। पार-अनुशासनात्मक सीखना (Transdisciplinary

Learning) वास्तविक जीवन में सीखने के तरीके को दर्शाने के लिए कई विषयों से ज्ञान को एक परियोजना या विषय में एकीकृत करना।

V **व्यावसायिक शिक्षा (Vocational Education)** व्यावहारिक कौशल-आधारित शिक्षा जो छात्रों को व्यापार या नौकरियों में करियर के लिए तैयार करती है, NEP के तहत ग्रेड 6 से शुरू की गई।